La inteligencia artificial ha irrumpido una fuerza transformadora capaz de redefinir por completo la manera en que creamos, compartimos y monetizamos el conocimiento. Aunque puede parecer un concepto de ciencia ficción o reservado únicamente a gigantes tecnológicos, la realidad es que ya está al alcance de cualquier emprendedor que desee aprovecharla. Su poder radica en automatizar procesos, en interpretar datos de formas imposibles de lograr con los métodos tradicionales y, sobre todo, en abrir oportunidades de negocio que hace apenas unos años ni siquiera podíamos imaginar. Esta es la era en la que cualquiera, con las estrategias adecuadas, puede construir ingresos online de manera inteligente y sostenible. Por esa razón, este libro se centra en enseñarte cómo ganar dinero con la IA, aprovechando este momento histórico para posicionarte en el mercado digital con bases sólidas y una mentalidad que entiende que el cambio es inminente y que hay que abrazarlo con todas sus implicaciones.

Para muchos, la inteligencia artificial puede resultar un territorio desconocido. A veces la asociamos con películas futuristas o con proyectos científicos muy alejados de la realidad cotidiana. Sin embargo, en la actualidad, la IA está presente en todo lo que hacemos y utilizamos a diario. Cuando Netflix te sugiere qué ver, cuando Spotify te recomienda la siguiente canción, cuando Amazon te muestra productos que podrían interesarte, cuando tu asistente virtual responde a tus dudas, cuando los anuncios que ves en tus redes sociales se adaptan a tus búsquedas más recientes. Todos estos ejemplos son aplicaciones de inteligencia artificial que ya forman parte de nuestra vida. La gran diferencia radica en que, hasta hace poco, el papel de la mayoría de nosotros era el de simples consumidores de estas tecnologías. Hoy en día, sin embargo, podemos colocarnos del otro lado y aprender a usar la IA para crear, vender, automatizar y escalar negocios online que nos generen ganancias estables.

La revolución actual no es únicamente tecnológica, sino también social y económica. Nunca antes había existido un acceso tan amplio a herramientas que permiten a un individuo competir, en ciertas áreas, con grandes compañías. La IA, de la mano de la nube y de la conectividad global, ha democratizado la innovación. Así, emprendedores en cualquier parte del mundo están desarrollando soluciones que cambian las reglas del juego. Son personas que comprenden que la adopción de la inteligencia artificial no es una moda pasajera, sino el cimiento de la próxima gran transformación del mercado. Aquellos que saben verlo y se adaptan a tiempo tienen la posibilidad de estar en la ola ganadora, mientras que quienes se rezagan se encuentran en riesgo de quedarse atrás. Este libro quiere mostrarte cómo estar a la vanguardia, cómo diseñar tus proyectos y estrategias de generación de ingresos de manera que la inteligencia artificial sea el motor que te impulse.

La introducción de la IA en los negocios se está reflejando en casos concretos. Empresas nacientes, sin una infraestructura gigantesca, han encontrado en las plataformas de automatización y en los modelos de lenguaje natural (como ChatGPT) la clave para ofrecer servicios competitivos a escala global. Startups dedicadas al análisis de datos, marketing automatizado, bots de atención al cliente o consultorías digitales se han multiplicado de forma acelerada y tienen el potencial de lograr en unos cuantos meses lo que antes habría requerido años de crecimiento y una inversión millonaria. Además, estos avances no se limitan únicamente a quienes crean software, ya que la IA se puede integrar a cualquier tipo de negocio, desde la creación de contenido digital y la venta de cursos, hasta la consultoría especializada en la optimización de procesos o la predicción de tendencias de consumo.

Uno de los ejemplos más claros de la democratización de la IA es la posibilidad de usar herramientas gratuitas o de bajo costo para realizar tareas que antes implicaban contratar a profesionales muy caros o invertir en programas complejos. Hoy, un emprendedor en solitario puede tener acceso a plataformas de generación de contenido escrito, como ChatGPT, que permiten redactar artículos, guiones y publicaciones de manera ágil y a un nivel cada vez más cercano al de un experto humano. Puede asimismo recurrir a sistemas de visión por computadora para desarrollar aplicaciones de reconocimiento de imágenes o a motores de recomendación que incrementen las ventas en un e-commerce al sugerir productos con base en el historial de navegación de los clientes. En otras palabras, la brecha entre la idea y la ejecución se ha acortado de manera asombrosa.

En medio de esta transformación, es normal que surjan dudas e incluso temores sobre si la inteligencia artificial reemplazará ciertos trabajos o si llegará a un punto en que la intervención humana quede obsoleta. Si bien resulta innegable que habrá cambios en la manera en que se desarrollan muchas profesiones, también lo es que siempre surgirá la necesidad de un componente humano: el criterio, la empatía, la creatividad y la intuición seguirán marcando la diferencia. Más que ver la IA como una amenaza, es mejor verla como una herramienta que expande nuestras capacidades y nos libera de tareas mecánicas o repetitivas, dándonos la oportunidad de enfocarnos en aquello que realmente aporta un valor único. Ahí reside la clave para triunfar en esta era: identificar en qué áreas la inteligencia artificial puede aportar su precisión y velocidad, y en cuáles sigue siendo fundamental la intervención de una persona para dar un toque de inspiración, cercanía o genuina innovación.

La inteligencia artificial no solo impacta en el terreno de las grandes corporaciones, sino que llega también al ámbito de las pequeñas y medianas empresas, así como al de los emprendedores independientes. Es una invitación a pensar en modelos de negocio que antes no existían. Imagínate, por ejemplo, ser capaz de crear un negocio de consultoría en línea que ofrezca servicios de análisis de datos o asesoría a emprendedores de todo el mundo, con la mitad de la inversión que habría requerido hace cinco años. O desarrollar un canal de YouTube o podcast apoyado en herramientas de IA para la generación de guiones, la edición de video y la optimización de la distribución de contenido, lo que te permitiría concentrarte en la visión creativa y la interacción con tu audiencia. Posiblemente deseas crear una agencia de marketing que no necesite de un gran equipo, gracias a que muchos de los procesos de gestión de campañas, análisis de métricas y personalización de mensajes los realice un sistema inteligente que funciona 24/7 con mínima supervisión. Estos escenarios no son de ciencia ficción ni de un futuro remoto, sino de un presente que ya está dando frutos a quienes se atreven a poner un pie en este territorio.

Por supuesto, todo gran cambio viene acompañado de una curva de aprendizaje. Muchas personas todavía sienten reticencia a la IA porque la imaginan como algo inaccesible o complejo a nivel técnico. Nuestro objetivo aquí es desmitificar esos temores y mostrar que, si bien hace falta un grado básico de comprensión sobre cómo funcionan las principales herramientas, no es indispensable ser ingeniero en robótica o científico de datos para aprovecharlas. La clave está en entender qué tipo de soluciones se ajustan a nuestras necesidades y cómo implementarlas en nuestras operaciones diarias, ya sea en la generación de contenido, en la comunicación con los clientes o en la toma de decisiones estratégicas basada en datos. Esta comprensión, aunada al uso creativo de la tecnología, es lo que separa a quienes se benefician de la revolución digital de aquellos que se quedan en el camino.

Resulta también fundamental recalcar que la inteligencia artificial no es una varita mágica que va a generar dinero por sí sola. Por muy evolucionada que sea la herramienta, no reemplaza la necesidad de un plan de negocio bien definido, de un estudio de mercado que nos indique a quién queremos llegar, de un mensaje que conecte con las necesidades de la audiencia y de un modelo de ingresos adecuado a nuestro nicho. Lo que sí hace es multiplicar de forma exponencial el alcance y la eficiencia de nuestros esfuerzos, siempre que tengamos claras las metas y la forma de medir nuestro progreso. Si antes necesitabas un equipo de varias personas para redactar, editar, promocionar, analizar resultados y mantener una presencia constante en redes, hoy, un emprendedor solitario o con un pequeño grupo de colaboradores puede hacer ese mismo trabajo con altos estándares de calidad, gracias a la IA, en una fracción del tiempo y del costo.

Este libro propone un recorrido en el que partimos de la explicación más accesible posible de la inteligencia artificial y sus aplicaciones, para después llevarte a conocer herramientas y plataformas de uso cotidiano que te ahorrarán dinero y trabajo, y finalmente llegaremos a las estrategias concretas que puedes adoptar para generar ingresos. Más adelante, exploraremos también cómo dar tus primeros pasos en la creación de un pequeño imperio digital apalancado en la IA y cómo escalarlo hasta convertirlo en una fuente considerable de ingresos. En la introducción, sin embargo, la intención es que te empapes del espíritu de esta revolución, que comprendas la magnitud de la oportunidad que tienes frente a ti y que te convenzas de que realmente es posible construir un negocio rentable en torno a la inteligencia artificial, sin requerir conocimientos técnicos avanzados ni presupuestos gigantescos.

Las barreras de entrada se han reducido enormemente. Tú, desde tu casa o tu oficina, con una computadora y una conexión a internet, tienes en tus manos la posibilidad de crear soluciones que impacten en distintos mercados, desde la educación hasta el entretenimiento, pasando por la publicidad, el comercio electrónico y la consultoría de alto nivel. Si a eso sumamos la globalización y la facilidad para conectarte con profesionales y clientes de cualquier parte del mundo, entendemos que las fronteras desaparecen y que realmente no hay límite para lo que puedes lograr. La única barrera real tiende a ser la mental: el miedo al cambio, la falta de confianza en que se puede emprender con la IA o el desconocimiento de las oportunidades que existen.

Para enfrentar estos desafíos, es útil ver ejemplos de éxito que nos inspiren y nos muestren el camino. Alrededor del mundo, encontramos historias de jóvenes emprendedores que, con apenas un par de herramientas de inteligencia artificial, montaron agencias digitales que les permiten obtener ingresos recurrentes mientras viajan. Vemos docentes que reinventaron su manera de enseñar y ahora venden cursos en línea, logrando un mayor alcance y mejores resultados para sus estudiantes gracias a los algoritmos que personalizan la experiencia de aprendizaje. Observamos consultores en marketing que, con la ayuda de sistemas inteligentes, ofrecen análisis tan precisos que sus clientes obtienen un retorno de inversión mucho mayor que con las campañas tradicionales. Todo ello conduce a la misma conclusión: la IA es el gran habilitador de negocios, el punto de inflexión que multiplica las posibilidades de quienes se atreven a soñar en grande.

Aun así, el verdadero potencial de la inteligencia artificial no se limita solo a quienes ya cuentan con un bagaje de conocimientos en programación o marketing. La belleza de este fenómeno radica en su capacidad de adaptarse a cualquier nicho o interés, siempre que exista la voluntad de aprender y de emprender. Al final del día, el éxito en la IA no depende de la edad o de la procedencia, sino de la actitud con la que abordamos los retos y oportunidades que plantea esta tecnología. Para ilustrarlo, basta con escuchar las historias de pequeños negocios familiares que, gracias a la integración de herramientas inteligentes, incrementaron sus ventas y optimizaron su gestión de inventarios, o de profesionales independientes que, mediante software de generación de texto o de asistencia al cliente, consiguieron duplicar su cartera de clientes sin contratar personal adicional. Son historias que demuestran que la inteligencia artificial no es solo para los "techies" y los gigantes de Silicon Valley, sino que está al alcance de cualquiera que desee mejorar su propuesta de valor y escalarla a un nivel que, de otra manera, sería impensable.

Quizá en estos momentos te preguntes: "¿Y yo por dónde empiezo?" Precisamente de eso se trata este libro. A lo largo de sus páginas, no solo exploraremos conceptos básicos de la IA en un lenguaje amigable y comprensible, sino que también profundizaremos en cómo se pueden aplicar a negocios digitales de todo tipo. Dedicaremos tiempo a desentrañar las herramientas y plataformas más accesibles y prácticas, tanto gratuitas como de pago, que te permitirán automatizar o agilizar distintas facetas de tu emprendimiento. Hablaremos de ejemplos reales de personas y empresas que han sabido sacar el máximo provecho de estos recursos para posicionarse con fuerza en el mercado. Y, por supuesto, presentaremos una serie de estrategias específicas para generar ingresos, desde la creación y venta de contenido apoyado en algoritmos de lenguaje natural, hasta el desarrollo de nuevas aplicaciones que integren funciones de IA para solventar necesidades cotidianas de los usuarios.

Ahora bien, la IA no es una fórmula milagrosa que garantice el éxito de la noche a la mañana. En realidad, su adopción exige disciplina, constancia y, sobre todo, la capacidad de iterar y de aprender de los errores. Pero la buena noticia es que, una vez que entiendes sus fundamentos y la incorporas adecuadamente en tus procesos, el retorno de inversión suele ser significativo. Imagina contar con un asistente virtual que atienda dudas de tus clientes a cualquier hora y sea capaz de ofrecer respuestas acertadas en cuestión de segundos. Visualiza la posibilidad de crear textos, guiones o descripciones de producto en tiempo récord, reduciendo tus costos de operación y aumentando tus márgenes de ganancia. Piensa en manejar anuncios segmentados con tal nivel de detalle que cada centavo invertido en publicidad se traduzca en mayor visibilidad y mejores conversiones. Esto, y mucho más, es lo que la inteligencia artificial pone sobre la mesa.

Para destacar en este campo, es fundamental comprender que la inteligencia artificial se nutre de datos. Entre más y mejores datos alimenten sus algoritmos, más precisas y útiles serán sus predicciones y recomendaciones. Por ejemplo, si decides implementar un sistema de recomendación de productos en tu tienda en línea, deberás recopilar y analizar información sobre la conducta de tus visitantes: qué productos miran, cuáles compran, cuánto tiempo pasan en cada página y qué tipo de ofertas les resultan más atractivas. Con ayuda de la IA, esta información se transforma en patrones que, al procesarse una y otra vez, permiten afinar el modelo y ofrecer sugerencias cada vez más acertadas a los usuarios. Esto se traduce en un mayor porcentaje de ventas, una mejor experiencia de compra y, en última instancia, en un crecimiento constante de tu negocio.

Por supuesto, esa dependencia de los datos abre también debates y consideraciones acerca de la privacidad y el uso ético de la información. En la medida en que la inteligencia artificial se vuelve más ubicua, también surgen preguntas sobre cómo manejar los datos de manera responsable y transparente. En este libro, no pretendemos eludir estas inquietudes, sino brindar algunas pautas para gestionar la tecnología con una mentalidad equilibrada, que respete la legislación y los derechos de las personas, a la vez que fomente la innovación y la creación de valor. La sostenibilidad de cualquier modelo de negocio en la era de la IA depende de nuestra capacidad de construir confianza con los usuarios, y esto implica ser claros y honestos sobre qué datos se recopilan, cómo se usan y para qué fines.

Conforme avances en estas páginas, notarás que la inteligencia artificial puede cumplir múltiples roles en tu negocio. Puede ser, por un lado, un motor que te ayude a personalizar la experiencia de cada cliente, y por el otro, un instrumento para automatizar tareas repetitivas y así liberar tu tiempo y el de tu equipo, permitiéndoles enfocarse en la estrategia o en la innovación de productos y servicios. Puede servirte como un aliado para predecir tendencias del mercado, de modo que puedas ajustar con anticipación tus campañas publicitarias o tu inventario, evitando pérdidas y maximizando ganancias. Al final, la IA se convierte en un socio silencioso pero poderoso, siempre listo para procesar grandes volúmenes de información en segundos y entregarte una visión clara de lo que funciona y lo que no.

La clave de todo esto, y lo recalco, es la integración coherente de la IA con tu visión y estrategia de negocio. No se trata de incorporar una herramienta de moda solo porque es popular, sino de identificar dónde aporta valor real y cómo se alinea con tus objetivos a corto, mediano y largo plazo. Es preferible implementar gradualmente soluciones concretas que marquen una diferencia tangible, a querer abarcar todo de golpe y terminar abrumado. A medida que te sientas más cómodo con los resultados y con el funcionamiento de cada sistema, podrás ir escalando e integrar nuevas herramientas. De esa manera, tu curva de aprendizaje será positiva y sostenible, y tus ingresos crecerán a la par de tu conocimiento.

En esta introducción, más que detallar punto por punto las estrategias que desarrollaremos en capítulos posteriores, mi intención es que abraces el potencial de la inteligencia artificial como un componente esencial de la economía digital actual. Quiero transmitirte la motivación necesaria para que, al terminar este libro, te lances a la acción con ideas claras y un plan de implementación específico. He sido testigo de cómo emprendedores y profesionales que jamás habían programado una sola línea de código descubren en la IA un trampolín que los impulsa a territorios que ni siquiera se habían planteado. También he visto a empresas tradicionales, que llevaban años estancadas en la rutina, experimentar un renacimiento tras aprovechar sistemas inteligentes de atención y marketing. No exagero al decir que esta tecnología está cambiando el juego para todos, y tú tienes la oportunidad de ser protagonista en vez de espectador.

Puede que, a lo largo de este proceso, te encuentres con personas que duden o que te digan que el mercado está saturado, que ya todo se ha inventado o que la IA es tan avanzada que no podrás entenderla. Lo cierto es que, en un mundo tan dinámico y globalizado como el nuestro, siempre hay espacio para nuevas ideas y para mejorar lo que ya existe. El talento y la visión estratégica siguen siendo recursos invaluables, y con la inteligencia artificial, tus posibilidades de materializarlos se multiplican. Si miras a tu alrededor, verás que muchos de los negocios más exitosos hoy en día se basan en la capacidad de innovar y de moverse rápido ante las tendencias tecnológicas. No se trata de tener la máquina más sofisticada, sino de saber usarla inteligentemente, con un enfoque claro en solucionar problemas reales y en brindar un beneficio tangible a tus clientes.

Este libro, por tanto, no solo pretende presentarte herramientas o enumerar metodologías, sino guiarte en el cambio de mentalidad que requiere la cuarta revolución industrial, de la cual la IA es el principal catalizador. Para ganar dinero con la inteligencia artificial, necesitas algo más que pura técnica: requieres la determinación de aprender de forma constante, de rodearte de personas o comunidades que compartan tu interés por la innovación y de no temerle a la experimentación. Es probable que, en el camino, te equivoques y necesites ajustar estrategias. Esa es la norma en cualquier emprendimiento, y la IA no es la excepción. Pero también hay grandes recompensas para aquellos que perseveran y que entienden que cada fallo es una oportunidad de refinar el modelo y crecer.

La versatilidad de la inteligencia artificial se extiende a múltiples facetas de la economía digital, y no importa si tu pasión es la educación, la moda, la salud, las finanzas o la creación de contenido. En cada uno de esos ámbitos, la IA se convierte en un amplificador de tu talento y de tu propuesta de valor. Si eres un educador, podrás diseñar cursos en línea que se adapten de manera inteligente a las necesidades de cada estudiante. Si eres un apasionado de la moda, podrás analizar tendencias y predecir qué colores o estilos serán populares en la próxima temporada. Si te dedicas a la salud, es posible que encuentres formas de procesar datos de pacientes para ofrecer diagnósticos más certeros, siempre respaldados por el criterio de un profesional. En el campo de las finanzas personales, la IA puede ayudarte a identificar patrones de gasto y ahorro, para luego brindar asesoría automatizada a tus clientes. Y si lo tuyo es la creación de contenido, existen modelos generadores de texto, voz e imagen que te ahorrarán horas de trabajo, dejando espacio para la verdadera creatividad que solo tú puedes aportar.

En capítulos posteriores, profundizaremos en casos de éxito que ejemplifican cada una de estas posibilidades, con el fin de que puedas inspirarte y adaptar esas ideas a tu propia realidad. Verás cómo pequeños emprendimientos lograron escalar en cuestión de meses y cómo profesionales independientes se convirtieron en referentes de su sector tras incorporar soluciones de IA a su oferta de servicios. Del mismo modo, compartiremos los desafíos que enfrentaron y las lecciones que aprendieron en el camino, porque, como en cualquier aventura empresarial, nada está exento de pruebas y ajustes.

Mi deseo es que, al terminar esta lectura, sientas que posees el conocimiento y la confianza para ser parte activa de la revolución de la inteligencia artificial. Que dejes atrás la idea de ser un mero espectador y te conviertas en alguien que crea, emprende e innova con el respaldo de las tecnologías más avanzadas de nuestro tiempo. Porque ganar dinero con la IA no es solo una aspiración económica: es la oportunidad de aportar soluciones valiosas a la sociedad, de formar parte de un movimiento global que está redefiniendo nuestras interacciones y de vivir en consonancia con el futuro que ya está aquí.

La historia nos enseña que cada revolución industrial ha transformado el mundo, generando nuevas profesiones y eliminando algunas que parecían imprescindibles. Sin embargo, en cada caso, la humanidad ha encontrado formas de adaptarse y prosperar. Con la IA, estamos ante un fenómeno análogo, pero con la velocidad multiplicada por factores nunca vistos. Nunca antes había sido tan fácil para una sola persona manejar herramientas tan poderosas. No se trata de un escenario apocalíptico en el que las máquinas dominan a los humanos, sino de uno en el que quienes sepan trabajar de la mano de la tecnología contarán con una ventaja competitiva significativa.

Tal vez hayas leído noticias que hablan de la IA como la gran amenaza para millones de empleos. Y aunque es innegable que muchos roles se verán modificados o sustituidos, también es cierto que surgirán nuevas profesiones y oportunidades de negocio. La carrera por aprender a entrenar y perfeccionar estos sistemas o a combinarlos con otras áreas del conocimiento es solo un ejemplo de los nichos que se están abriendo. Por eso, en lugar de temer, debemos actuar. Para ello, es fundamental desarrollar un criterio claro sobre cómo y en qué áreas queremos aplicar la inteligencia artificial. Es perfectamente posible que descubras un nicho inexplorado en tu sector, algo que nadie más haya tenido en cuenta, y que la IA sea el puente para materializar esa visión y convertirte en pionero. De eso va este libro: de empujarte a dar el salto e invitarte a pensar en grande.

La introducción que lees en estos momentos es la puerta de entrada a un viaje que te llevará a comprender los fundamentos de la IA, sus aplicaciones, herramientas prácticas y, por supuesto, las estrategias más efectivas para traducirlo todo en ingresos reales. Quiero que, en adelante, recuerdes siempre que la tecnología es un medio, no un fin. Lo que determina el éxito es la claridad de tu proyecto, la solidez de tu propuesta de valor y tu capacidad de llevarla a la práctica de manera eficiente. La IA te dará velocidad, precisión y alcance global, pero eres tú quien debe darle un propósito y una dirección.

Más adelante, verás que la creatividad y la empatía son insustituibles. Por muy sofisticados que sean los algoritmos, estos no pueden reemplazar la chispa humana que concibe la idea original y la conecta con las emociones de la audiencia. De ahí que muchos expertos coincidan en que, lejos de extinguir la participación humana, la IA la realza y la potencia. Cuando comprendes esto y ves la inteligencia artificial como tu aliada, tu mentalidad cambia y empiezas a encontrar oportunidades donde antes solo veías barreras. Lo que puede parecer un escenario competitivo y abrumador se transforma en un universo de posibilidades en el que no hay límites, excepto los que tú mismo te impongas.

Para sintetizar lo que llevamos visto: la IA es una realidad que abarca desde los algoritmos que recomiendan una película hasta los modelos capaces de generar textos, música o imágenes. Está profundamente entrelazada en la economía digital y, lejos de ser una moda pasajera, es la columna vertebral de la nueva era. Su carácter escalable y adaptable te permite soñar en grande, incluso si empiezas con recursos mínimos. La clave está en asumir el rol de creador, de alguien que entiende el valor de la tecnología y la orienta hacia la construcción de soluciones, productos y servicios que le faciliten la vida a las personas. Y es justamente de eso que trata este libro: de equiparte con el conocimiento y la motivación para ser un generador de ingresos en la era de la inteligencia artificial.

En las próximas páginas, conocerás conceptos básicos explicados con sencillez, descubrirás qué herramientas y plataformas de IA están disponibles para ti sin grandes complicaciones, y, sobre todo, te sumergirás en las siete estrategias principales que te abrirán las puertas a generar ingresos online con la ayuda de esta potente tecnología. Desde la creación y venta de contenido, pasando por consultorías y formación en línea, hasta la construcción de un e-commerce inteligente o la oferta de servicios de marketing automatizados y soluciones a medida. Cada estrategia está diseñada para estimular tu imaginación, para que puedas adaptarla a tu contexto y a tu mercado. Además, explorarás la forma de organizar tus pasos iniciales, utilizar herramientas de gestión y productividad, y, una vez que empiecen a llegar los primeros resultados, plantearte seriamente cómo escalar y diversificar tus fuentes de ingresos.

Si hasta aquí sientes que esta introducción te ha abierto el apetito para explorar a fondo el mundo de la inteligencia artificial y sus posibilidades, entonces estás en el lugar correcto. El viaje que estamos a punto de emprender te llevará por las corrientes fundamentales de la IA, de manera que te familiarices con su terminología y, sobre todo, con su alcance. Verás que no necesitas convertirte en científico de datos para aprovecharla: bastará con que sepas qué quieres lograr y cómo encajan las distintas piezas. Esa combinación de visión y acción es la que permite que cada vez más emprendedores, creadores de contenido y profesionales de todos los sectores se unan a este movimiento.

Para cerrar esta introducción, me gustaría remarcar que no estamos frente a una moda pasajera ni a una herramienta que vaya a ser superada en un abrir y cerrar de ojos por la siguiente novedad. La inteligencia artificial es un cambio profundo en la manera en que interpretamos y gestionamos la información. Su potencial de crecimiento es enorme, y apenas estamos viendo sus primeras fases de adopción masiva. Conforme avance, surgirán innovaciones cada vez más sorprendentes, y quienes ya hayan dado los primeros pasos y dominado las bases, se encontrarán en una posición inmejorable para capitalizar las siguientes olas de transformación. Por eso, no dejes para mañana lo que puedes comenzar hoy: este es el momento de familiarizarte con la IA, de probar herramientas y de imaginar modelos de negocio que quizás aún no existan en el mercado.

La invitación queda abierta. Espero que te sientas motivado, curioso y, por qué no, un poco impaciente por adentrarte en este universo que promete cambiar la historia de la economía global y de la manera en que trabajamos. Que esta lectura sea tu trampolín hacia ideas ambiciosas y acciones concretas. Si hay algo que he aprendido en mi experiencia es que, en la era digital, las oportunidades no se sientan a esperarte: hay que salir a buscarlas y aprovecharlas, y hoy, más que nunca, la inteligencia artificial es la llave que abre cientos de puertas que antes estaban cerradas.

Adelante, entonces. Nos aguarda un recorrido fascinante por los fundamentos de la IA, las plataformas y herramientas disponibles, y, lo más importante, las estrategias probadas para generar ingresos en un contexto en el que la inteligencia artificial está dejando de ser una promesa futurista para convertirse en una realidad incuestionable. Conforme avances, mantén tu mente abierta y no temas cuestionar o adaptar las recomendaciones que encuentres aquí. El mundo de la IA evoluciona vertiginosamente y tu capacidad de actualizarte, de experimentar y de evolucionar junto a él será el factor decisivo que determine tu éxito. Con esta introducción, te doy la bienvenida a un mundo en el que la tecnología más puntera y la visión emprendedora se unen para crear oportunidades de negocio que pueden, literalmente, cambiar tu vida. ¡Que empiece la aventura!

La inteligencia artificial ha llegado como una ola imparable que penetra cada rincón de nuestras vidas, generando transformaciones tan profundas que algunos la comparan con la invención de la imprenta o la llegada misma de la electricidad. Y no es para menos: pocas veces en la historia la humanidad se había enfrentado a una herramienta con el poder de reinterpretar tantas actividades cotidianas, desde cómo buscamos información hasta cómo tomamos decisiones de negocio. Pero ¿por qué la inteligencia artificial es considerada la gran revolución tecnológica de la actualidad? La respuesta se encuentra en la convergencia de varios factores que, unidos, han creado el entorno perfecto para que la IA florezca y expanda sus ramas hacia ámbitos tan diversos como el entretenimiento, la medicina, la educación y el comercio. Entender esos factores y cómo se relacionan con nuestra vida diaria es la puerta de entrada para comprender el enorme potencial que la IA tiene, tanto para impulsar negocios como para reformular el futuro de la sociedad.

Si miramos la historia de las revoluciones tecnológicas, notaremos que siempre han existido tres ingredientes fundamentales: un nuevo descubrimiento o invento que sacude los cimientos de lo conocido, la adopción masiva de ese invento por parte de la sociedad y, finalmente, la transición cultural que surge cuando la gente integra dicha tecnología en su día a día. Pensemos en la revolución industrial del siglo XVIII: la máquina de vapor abrió el camino, se fue adoptando en distintos sectores —como el transporte y la manufactura— y, con el paso de los años, transformó por completo la forma en que trabajábamos, viajábamos e incluso habitábamos las ciudades. En el caso de la IA, estos tres ingredientes no solo están presentes, sino que evolucionan a una velocidad vertiginosa que nunca antes habíamos presenciado. Las mejoras en el poder de cómputo y la capacidad de procesar cantidades gigantescas de datos han acelerado el crecimiento de la IA como ninguna tecnología anterior.

Una de las grandes razones por las que la IA deslumbra es su habilidad para aprender y mejorar con el tiempo. A diferencia de otras herramientas que requieren un control manual constante, los sistemas de inteligencia artificial pueden, gracias a técnicas como el aprendizaje automático o el deep learning, analizar grandes volúmenes de datos y descubrir patrones que los humanos no somos capaces de detectar con la misma facilidad. Así, mientras más datos se alimenten en estos modelos, más exactas y útiles serán las predicciones, sugerencias o acciones que ofrezcan. Esto establece un círculo virtuoso: a medida que crece la adopción de la IA, crece también la cantidad de datos disponibles y, con ello, la IA se vuelve aún más potente. Es como una planta que, mientras más se riega, más rápido florece, y mientras más fuerte crece, más semillas esparce para seguir multiplicando su presencia.

Resulta especialmente interesante ver cómo la IA ha logrado un nivel de adaptación tan amplio que ya no se limita a los laboratorios de investigación o a las corporaciones gigantes.

Hoy, cualquiera con un dispositivo conectado a internet puede acceder a un modelo de lenguaje como ChatGPT para generar textos, o a plataformas de análisis de datos que hace una década habrían costado una fortuna. Este acceso democratizado, impulsado por la nube y por modelos de negocio freemium, convierte a la inteligencia artificial en una herramienta de alcance global que no discrimina por país, idioma o poder adquisitivo. Basta una conexión estable y algo de curiosidad para empezar a jugar con aplicaciones que procesan imágenes, generan música o sugieren estrategias de mercado. La consecuencia es que cada día surgen nuevos emprendedores, creadores y estudiantes que usan la IA para hacer más eficiente su trabajo, dando lugar a toda clase de proyectos innovadores.

Más allá de su accesibilidad, la IA está deslumbrando por la velocidad a la que puede mejorar los procesos, desde lo más simple hasta lo más complejo. En sectores como la salud, por ejemplo, la IA se ha vuelto indispensable para analizar pruebas médicas, detectar patrones de enfermedad y ayudar a los doctores a dar diagnósticos más certeros y rápidos. Lo mismo sucede en la industria del transporte, donde los vehículos autónomos ya están saliendo de la fase experimental para convertirse en una realidad tangible. Y si bajamos a un ámbito más cercano, en nuestros hogares, encontramos altavoces inteligentes que nos facilitan reproducir música, anotar recordatorios o incluso controlar la iluminación y la temperatura de forma remota. Cada una de estas aplicaciones es una muestra clara de que estamos ante una transformación que abarca prácticamente todos los aspectos de la vida moderna.

A menudo se dice que la IA es la gran revolución tecnológica de nuestra era porque actúa como un catalizador para las demás tecnologías. Gracias a la IA, el internet de las cosas (IoT) tiene un cerebro capaz de procesar los datos que captan los miles de millones de dispositivos conectados; la robótica, a su vez, se vuelve más autónoma e inteligente, reduciendo la necesidad de intervención humana en tareas peligrosas o rutinarias. Incluso la realidad virtual y la realidad aumentada reciben un impulso cuando se combinan con algoritmos de reconocimiento de voz, imagen o movimiento. Este efecto de "multiplicar" el potencial de otras innovaciones es quizás uno de los rasgos más distintivos y poderosos de la IA, porque no solo evoluciona por sí sola, sino que hace evolucionar al conjunto del ecosistema tecnológico.

Podríamos preguntarnos qué pasa con la parte humana en medio de tanta automatización, y la realidad es que la IA ha forzado a las personas y a las empresas a recalibrar sus roles y enfocarse en lo que de verdad marca la diferencia: la creatividad, la relación con los clientes, la visión estratégica. Lejos de convertirnos en espectadores pasivos, la IA nos empuja a ser protagonistas en áreas donde las máquinas no pueden competir con nuestras habilidades innatas. No obstante, este movimiento también exige un aprendizaje continuo para entender cómo trabajar mano a mano con algoritmos, cómo interpretar sus resultados y cómo adaptar sus recomendaciones a entornos reales con variables cambiantes. Quienes lo hacen consiguen resultados espectaculares, y ese es otro motivo por el cual se habla de revolución: se requieren nuevas competencias, nuevos perfiles profesionales y una actualización de muchos procesos productivos que permanecían casi invariables desde hace décadas.

En ese sentido, la IA no es una revolución silenciosa: está afectando estructuras sociales y económicas de manera muy visible. Genera debates en torno a la sustitución de empleos, a la ética en la recopilación de datos o a la responsabilidad de las empresas que diseñan algoritmos capaces de influir en la opinión pública. Pero también abre caminos a la creación de empleos enfocados en la gestión de la IA, en la construcción de algoritmos transparentes y en la formación de personas que puedan sacar el máximo provecho de estas tecnologías. El resultado final es un cambio de paradigma: la pregunta ya no es si la IA formará parte de la vida cotidiana, sino cómo y cuándo se masificará al grado de volverse tan indispensable como el teléfono inteligente o las redes sociales.

Además, la IA se distingue de anteriores revoluciones tecnológicas por su facilidad para cruzar fronteras disciplinarias. No es un invento aislado en el ámbito de la informática, sino un conjunto de técnicas y metodologías que se aplican en campos tan diversos como la biología, la astronomía, la lingüística, el marketing y hasta la filosofía. La multidisciplinariedad surge porque la IA tiene la capacidad de analizar y procesar prácticamente cualquier tipo de datos, ya sean numéricos, textuales o visuales, brindando insights y soluciones a problemas que antes se consideraban complejos o demasiado costosos de resolver. Esto implica que la revolución de la IA no sigue un solo camino, sino que ramifica en tantas direcciones como disciplinas existan, multiplicando exponencialmente su influencia y velocidad de adopción.

Al buscar los motivos por los que la IA ha despegado con tanta fuerza en los últimos años, no podemos dejar de mencionar el avance en las capacidades de procesamiento de los ordenadores y el surgimiento de la "nube" como infraestructura básica para casi cualquier aplicación. Hoy contamos con servidores capaces de procesar millones de operaciones por segundo, y la computación en la nube permite que cualquier emprendedor o desarrollador, independientemente de su ubicación geográfica, tenga acceso a recursos que antes solo estaban disponibles para grandes conglomerados. Esto ha roto las barreras de entrada que impedían a las personas crear e innovar con la IA. Si a eso le sumamos la increíble explosión de datos —proveniente de las redes sociales, de los dispositivos móviles y del internet de las cosas— obtenemos el combustible perfecto para alimentar modelos cada vez más poderosos.

Otro aspecto que confirma a la IA como la gran revolución de nuestro tiempo es la velocidad a la que se integra en la cultura popular. A diferencia de lo que ocurrió con la adopción de tecnologías anteriores, hoy la información vuela y la curiosidad por lo nuevo se propaga con un par de clics o "taps" en el móvil. Millones de usuarios en todo el mundo hacen viral a diario noticias, videos y aplicaciones basadas en inteligencia artificial, despertando el interés de personas que quizá no tienen un perfil técnico pero que, al ver sus aplicaciones prácticas, se animan a probarla. Esa viralidad hace que el conocimiento se expanda de forma más rápida y alcance nichos insospechados, generando un efecto en cadena donde las ideas se nutren y potencian mutuamente.

Los beneficios de la IA en términos de eficiencia, ahorro de costos y personalización de experiencias generan un atractivo muy potente para las empresas, grandes y pequeñas. Y es que, mediante la automatización inteligente, no solo pueden reducirse gastos en tareas repetitivas, sino que también se mejoran los productos y servicios al ajustarlos a las necesidades concretas del consumidor. Cuando una empresa descubre que, gracias a la IA, puede prever la demanda de sus productos, optimizar rutas de entrega, personalizar ofertas o prevenir fallos en sus procesos productivos, resulta difícil volver atrás. Este enganche con la tecnología, una vez que se prueba, es otro de los grandes impulsores de su expansión a escala global. Así, la IA se convierte en un estándar que, tarde o temprano, todos se verán obligados a adoptar para no quedarse relegados.

Por supuesto, la inteligencia artificial no está exenta de desafíos o riesgos. Uno de los más discutidos es la posible concentración de poder en manos de quienes controlan las grandes cantidades de datos y la infraestructura tecnológica. Si la IA se alimenta de datos, entonces quien posea los datos tiene la llave a una mina de oro. Este es un tema importante porque puede agravar la brecha entre grandes corporaciones y pequeños emprendimientos, o incluso entre países con distintos niveles de desarrollo digital. Sin embargo, la democratización creciente de las herramientas y la aparición constante de startups e iniciativas locales que utilizan la IA de manera creativa sugieren que todavía existe un espacio enorme para la innovación descentralizada. A fin de cuentas, parte de la revolución radica en que cualquier persona con pasión y visión puede encontrar un nicho rentable.

Otra discusión clave se refiere al impacto en el empleo. Muchas labores que requieren horas de esfuerzo repetitivo hoy pueden ser ejecutadas en segundos por un algoritmo. Esto es innegable y forzará a las sociedades a repensar el concepto de trabajo, la formación profesional y la distribución de la riqueza. Con todo, la experiencia de revoluciones pasadas nos indica que la tecnología tiende a crear nuevos empleos incluso mientras destruye otros. La gran diferencia es que hoy el proceso sucede con mayor celeridad, y la adaptación puede resultar difícil para algunas personas. No obstante, en cada desafío yace una oportunidad. Quienes logren desarrollar habilidades de gestión, análisis y creatividad para trabajar de la mano con la IA encontrarán un mercado necesitado de expertos, sin requerir obligatoriamente una formación académica sofisticada. Lo más valioso será la capacidad de combinar el razonamiento humano con las fortalezas de la IA, algo que no era tan evidente en otras etapas del progreso tecnológico.

La revolución de la IA también conlleva una reflexión acerca de la ética y la responsabilidad. Al delegar decisiones en algoritmos, surge la pregunta de cómo evitar sesgos, cómo garantizar la transparencia y cómo asegurar que el uso de la IA beneficie al mayor número de personas posible. Este debate no se limita a foros especializados: está alcanzando el plano político y social, dado que las implicaciones de una IA mal regulada podrían ser enormes. Sin embargo, el hecho de que estemos discutiendo estos temas con tanta intensidad y que existan organizaciones, tanto gubernamentales como civiles, dedicadas a observar y regular la IA, demuestra que estamos frente a un fenómeno que trasciende lo meramente tecnológico. Esta confluencia de debates éticos, sociales, económicos y políticos es parte de lo que hace que la IA sea tan revolucionaria: no es únicamente una mejora en el hardware o en el software, sino una fuerza de cambio transversal que nos obliga a replantearnos quiénes somos y hacia dónde vamos como civilización.

La gigantesca inversión de capital que ha recibido el sector de la IA en los últimos años es otra señal de la dimensión de esta revolución. Decenas de miles de millones de dólares se dirigen a la investigación y el desarrollo de nuevos modelos, a la construcción de chips especializados y a la creación de plataformas que permitan integrar la IA con facilidad en cualquier ámbito. Rara vez se había visto un interés económico tan fuerte y sostenido por parte de inversores de todo tipo, desde fondos de capital de riesgo hasta empresas tradicionales que ven la adopción de IA como un imperativo para no desaparecer. Esta inyección de recursos acelera aún más la innovación, porque motiva la competencia y el surgimiento de nuevas ideas. Cada semana, literalmente, se anuncia un descubrimiento o una aplicación sorprendente que rompe barreras anteriores y redefine lo que creíamos posible.

Otro indicador de la magnitud de esta revolución es la forma en que la IA está transformando la educación. Instituciones académicas de todo el mundo están rediseñando sus planes de estudio para incluir conceptos y prácticas de aprendizaje automático, análisis de datos y programación de algoritmos inteligentes. Paralelamente, surgen cursos en línea y plataformas de autoaprendizaje que permiten a gente de todas las edades y profesiones capacitarse en estas áreas. El impacto no solo recae en la oferta educativa, sino también en el modelo de enseñanza en sí: herramientas de tutoría inteligente, evaluación automática y personalización del aprendizaje están sentando nuevas bases para un futuro en el que el estudiante pueda progresar a su ritmo y según sus intereses, con una guía más efectiva gracias a la IA.

Mientras tanto, en el mundo del entretenimiento, la IA está produciendo cambios igualmente radicales. La industria de los videojuegos incorpora algoritmos que adaptan el nivel de dificultad a la habilidad de cada jugador. Los servicios de streaming, por su parte, perfeccionan sus sistemas de recomendación para que cada usuario reciba sugerencias cada vez más precisas. Incluso en la música y en el cine, la IA está experimentando con la generación de bandas sonoras, guiones e historias que, si bien todavía no sustituyen la creatividad humana, sí la enriquecen, abriendo la posibilidad de colaboraciones híbridas entre artistas y algoritmos. Estas innovaciones ratifican la transversalidad de la IA y su capacidad de impactar no solo en ámbitos productivos o científicos, sino también en la manera en que nos divertimos y expresamos culturalmente.

La gran revolución tecnológica de la IA se ve potenciada por su capacidad de anticipar resultados y simplificar la toma de decisiones. Al poder procesar enormes volúmenes de datos históricos en cuestión de segundos, los algoritmos pueden proyectar diversos escenarios y ayudar a empresas y gobiernos a planificar con mejor base. Esto tiene implicaciones enormes para el clima, la economía, la seguridad y la planificación urbana. Desde predecir patrones de consumo en un supermercado local hasta estimar el riesgo de inundaciones en grandes ciudades, la IA se convierte en una herramienta indispensable para la gestión eficiente de recursos y la prevención de desastres. Y esto es solo el principio: conforme los sistemas evolucionen y se alimenten de datos cada vez más específicos, podremos prever escenarios con un grado de detalle que parecía inimaginable hace unos años, minimizando incertidumbres que durante siglos acompañaron la toma de decisiones humanas.

La rapidez con la que la IA se integra en la vida cotidiana tiene también un componente cultural. Gracias a las redes sociales y a la comunicación digital, cualquier aplicación o invento sobresaliente en el campo de la IA se difunde a una escala brutal. Hace no tanto tiempo, un avance en inteligencia artificial podía pasar desapercibido para el público general, limitado a las páginas de revistas científicas. Hoy, en cambio, basta un video viral o un hilo en Twitter para que millones se enteren de que un nuevo modelo de lenguaje puede mantener conversaciones casi humanas, o de que un robot ha aprendido a resolver tareas complejas con autonomía. Ese componente viral alimenta la curiosidad y genera, a su vez, más interés por la innovación. Las plataformas de crowdfunding también han jugado su papel al permitir financiar proyectos que integran IA, amplificando la gama de ideas que salen a la luz.

Además, la IA está generando cambios en la percepción de la creatividad y la autoría. ¿Qué sucede cuando una pintura o una pieza musical es creada, parcial o totalmente, por un algoritmo? ¿A quién se le atribuye la obra? ¿Dónde queda el factor humano? Este debate es apasionante porque nos lleva a replantear los límites de lo que consideramos arte y creación. Hay quienes sostienen que la inteligencia artificial puede ser otra herramienta más en manos del artista, y otros que la ven como un agente creador con un potencial estético propio. Más allá de la posición que se tome, el hecho de que estemos teniendo estas discusiones ilustra la fuerza de la IA para sacudir incluso aspectos profundos de la sensibilidad y la identidad humana.

Cuando ponemos todo esto en perspectiva —la velocidad de adopción, la transversalidad, la inversión económica, la creación de nuevos empleos y la irrupción en ámbitos tan diversos como la salud, la educación, la industria y el entretenimiento— no cabe duda de que la inteligencia artificial no es solo una moda pasajera. Estamos frente a una ola que está redefiniendo las reglas del juego en múltiples direcciones y que, en cierta medida, coloca a quienes sepan surfearla en una posición ventajosa. Al igual que sucedió con la web en sus inicios, cuando unos pocos visionarios entendieron su potencial y construyeron imperios digitales, la IA representa un territorio repleto de oportunidades para quienes se atrevan a explorar.

En términos de negocio, la IA se convierte en un factor diferenciador que puede catapultar la competitividad de un proyecto. Las estrategias de marketing se vuelven mucho más asertivas cuando un algoritmo sabe exactamente a qué audiencia se dirige y qué mensaje funciona mejor. El servicio al cliente mejora al contar con chatbots cada vez más humanos, capaces de atender requerimientos básicos y liberar tiempo del personal para casos más complejos. La logística y la gestión de la cadena de suministro encuentran en la IA un valioso apoyo para reducir costos y anticiparse a fallos. La seguridad informática, por su lado, se beneficia de sistemas capaces de detectar amenazas y anomalías en tiempo real. Al conjuntar todas estas ventajas, queda claro por qué los negocios que no quieran quedar rezagados deben incorporar la IA en su estrategia presente y futura.

La IA se alza como un nuevo estándar, un recurso que cualquiera puede aprovechar si sabe por dónde empezar y se mantiene en un estado de aprendizaje continuo. Quienes entiendan este mensaje y busquen desarrollar conocimientos y habilidades para implementar inteligencia artificial en sus productos o servicios, contarán con un diferencial importante en el mercado. Por el contrario, quienes vean la IA como un lujo o una herramienta innecesaria corren el riesgo de encontrarse, en un futuro muy cercano, compitiendo en desventaja contra empresas que sí adoptaron la revolución. Esta es la esencia de las revoluciones tecnológicas: avanzan con o sin el consentimiento de quienes se resisten, y terminan por redefinir la infraestructura productiva y las expectativas de los consumidores.

El gran impulso que la IA puede brindar a los proyectos digitales es otro elemento que justifica catalogarla como la gran revolución actual. Desde la capacidad de escribir y editar textos a gran velocidad hasta la concepción de asistentes virtuales que pueden sostener conversaciones casi naturales, la IA potencia la creatividad y la eficiencia en el ámbito de la creación de contenidos. Esto, a su vez, facilita la monetización de ideas que antes requerían grandes equipos o muchísimo tiempo para llevarse a cabo. Lo vemos en los canales de YouTube que crecen aceleradamente gracias a la IA que optimiza cada paso de la producción, o en los blogs y portales que maximizan sus ingresos con artículos generados y posicionados inteligentemente. Incluso en redes sociales, el uso de algoritmos para programar publicaciones y analizar la respuesta de la audiencia permite a creadores y emprendedores llegar a un público mucho más amplio sin invertir fortunas en publicidad.

Quizá uno de los rasgos más formidables de la IA sea su capacidad de sorprendernos continuamente. Cada vez que pensamos que hemos visto lo más avanzado, aparece una nueva aplicación que rompe esquemas. Esta constante aparición de avances y soluciones mantiene viva la llama de la revolución y alienta a miles de profesionales y curiosos a explorar el tema. No hay lugar para el estancamiento en un ecosistema donde cada mes surgen herramientas que superan o complementan a las anteriores, y donde las grandes empresas lanzan actualizaciones de sus modelos cada poco tiempo. La competencia y la colaboración simultánea entre organizaciones, startups y comunidades de código abierto aceleran de forma increíble el ritmo de innovación, beneficiándonos a todos.

Por eso, la IA no es meramente una tecnología más en el amplio menú del mundo digital, sino la piedra angular de una transformación sin precedentes que sigue en ascenso. La humanidad se encuentra, por primera vez, ante máquinas que pueden aprender de sus errores, interpretar entornos complejos y, en cierto grado, "pensar" de maneras análogas a como lo hacemos los seres humanos, aunque no sea un pensamiento consciente. El punto no es si replican o no la inteligencia humana, sino el alcance práctico de sus capacidades y cómo podemos integrarlas de forma ética, productiva y sustentable. Ese es el gran desafío que define a toda revolución y que, en este caso, impulsa a la IA hacia un lugar de privilegio en la historia de la tecnología.

Conforme profundicemos en este libro, verás cómo el potencial de la IA se traduce en oportunidades concretas de negocio y en metodologías que te permitirán no solo entenderla, sino integrarla en tus operaciones diarias para generar ingresos. Y es precisamente ahí donde se cumple el círculo de la revolución: cuando una innovación no se queda en la teoría o en el laboratorio, sino que se vuelve una palanca real para mejorar la calidad de vida y la capacidad de producción de las personas. La IA ha superado esa barrera y ha mostrado sus bondades en múltiples casos de éxito, desde emprendedores independientes que manejan tiendas virtuales con sistemas de recomendación avanzados, hasta grandes consorcios que dependen de la IA para optimizar cada etapa de su cadena de valor.

Este es el momento perfecto para sumarse a la ola y descubrir las ventajas que puede traer la IA a tus proyectos digitales o presenciales. De hecho, muchas personas se sorprenden al darse cuenta de que ya están interactuando con la IA en su rutina diaria, aunque no la identifiquen claramente: el filtro de spam de su correo electrónico, las sugerencias que les hace su asistente virtual, las etiquetas automáticas que se generan en sus fotografías o los anuncios segmentados que ven en redes sociales. Una vez que comprendes cómo funcionan estos sistemas y te familiarizas con los conceptos detrás de ellos, dejas de ver a la IA como un ente misterioso y comienzas a encontrar oportunidades para aprovecharla en tus propios emprendimientos.

Las revoluciones no esperan a nadie y, tal como ocurrió con la adopción masiva de los smartphones o el auge de las redes sociales, la IA ya no es opcional, sino un eje central que definirá quién prospera y quién se queda al margen en la nueva economía digital. El reto consiste en transitar desde la simple fascinación por las capacidades de la IA hasta la acción práctica: integrar algoritmos en la cadena de valor, entrenarlos con datos específicos, entender sus límites y aprender a direccionarlos hacia el logro de objetivos claros. Esa es la invitación que se desprende de esta revolución tecnológica: no ser meros testigos, sino artífices de un futuro en el que la IA potenciará el talento y la ambición de las personas que vean en ella un aliado en lugar de una amenaza.

Por tanto, hablar de la IA como la gran revolución de nuestro tiempo no es un elogio desmedido ni una exageración periodística. Basta con observar la magnitud de sus aplicaciones, la velocidad de su adopción y el entusiasmo que genera a nivel global para constatar que estamos ante algo único e irrepetible. Cada día surge una novedad, y el terreno no deja de expandirse, prometiendo avances que, en una visión a mediano plazo, transformarán por completo la forma en que vivimos y trabajamos. Y ahí radica la grandeza de la IA: no se queda en el plano tecnológico, sino que se extiende al cultural, al económico y al personal, influyendo en cómo pensamos y en el modo en que nos relacionamos con nuestro entorno. Esta es la esencia de una revolución que no deja piedra sin mover y que, con cada paso que da, confirma que el futuro es hoy y que está abierto a quienes tengan la valentía de descubrirlo.

La inteligencia artificial ha despertado tal interés en los últimos años que se han multiplicado los ejemplos de empresas, proyectos y emprendimientos que la han adoptado con resultados asombrosos. No importa el sector del que hablemos: tecnología, ventas minoristas, marketing, educación, salud o entretenimiento. Por doquier surgen historias de personas y organizaciones que, gracias a la IA, han revolucionado su manera de operar, han ampliado su mercado o han alcanzado cifras de facturación inimaginables pocos años atrás. Más allá de la teoría y de la promesa de este tipo de tecnología, ver casos reales aporta la convicción de que la IA no es solo un concepto de moda, sino una auténtica palanca para el crecimiento sostenible.

Al hablar de la aplicación de la inteligencia artificial, resulta casi obligado mencionar a los grandes pioneros que, en algún momento, apostaron por algoritmos capaces de procesar enormes volúmenes de datos y encontrar patrones imperceptibles a simple vista. Quizá uno de los ejemplos más conocidos sea la historia de Netflix y cómo sus sistemas de recomendación le dieron un lugar privilegiado en el corazón de millones de usuarios. Lo que comenzó como un servicio de alquiler de DVD se transformó, gracias a la IA, en una plataforma de streaming líder, con la capacidad de sugerir series y películas adaptadas a los gustos de cada persona. Ese sencillo paso de personalizar la experiencia fue solo el comienzo. Detrás de las sugerencias hay algoritmos de machine learning que analizan qué vemos, cuándo lo vemos, cuánto tardamos en elegir algo y qué valoración le damos. Así pueden estimar, con alto grado de precisión, qué títulos van a mantenernos enganchados. Ese modelo predictivo fue clave para que Netflix superara a la competencia y lograra posicionarse globalmente. Hoy, la empresa obtiene ingresos multimillonarios y continúa expandiéndose, invirtiendo, además, en producción original apoyada en datos que le permiten saber, de antemano, dónde existe la mayor probabilidad de éxito.

Spotify es otra empresa que ilustra cómo la IA puede cambiar por completo la forma de consumir contenido. Desde sus inicios, se diferenció por la capacidad de recomendar música de manera personalizada. De la misma forma en que Netflix estudia patrones de visualización, Spotify analiza miles de millones de reproducciones a diario para detectar tendencias, agrupar artistas afines y sugerir listas de reproducción casi adictivas. Así, cada persona experimenta la plataforma de manera distinta. Para muchos, estas recomendaciones son una verdadera revelación, y esa satisfacción repercute en la cantidad de usuarios de pago que el servicio ha logrado captar a lo largo de los años. El motor de recomendación, basado en aprendizaje automático y técnicas de procesamiento del lenguaje (para analizar letras, reseñas y descripciones), ha sido fundamental en el crecimiento de Spotify, impulsándolo a liderar el mercado de la música en streaming, con un modelo de negocio basado en suscripciones y publicidad.

Sin embargo, la IA no es exclusiva de las industrias creativas y de entretenimiento. Amazon, un gigante del comercio electrónico, ha hecho de la inteligencia artificial su columna vertebral, utilizando algoritmos para optimizar cada paso de su cadena de valor. Con sistemas que predicen las tendencias de compra, Amazon puede programar la gestión de inventarios para evitar excesos o faltantes de productos. La IA analiza el historial de búsqueda de millones de usuarios para mostrar, de inmediato, los artículos más relevantes y sugerir aquellos productos "que también pueden interesar". Esa personalización incrementa las ventas y, a la vez, agiliza la experiencia del comprador. También ha destacado por sus asistentes virtuales, como Alexa, y por la incorporación de robots autónomos en sus centros de distribución, todos ellos gestionados, en mayor o menor medida, por técnicas de aprendizaje automático y visión por computadora. El resultado salta a la vista: Amazon se erige como una de las compañías más valiosas del mundo, con una logística tan eficiente que muchos han intentado replicar sin éxito similar.

Aunque estos casos emblemáticos muestran la adopción de la IA en empresas de talla mundial, lo cierto es que la inteligencia artificial también ha beneficiado a emprendimientos más modestos que han sabido aprovechar su flexibilidad y potencia. Por ejemplo, en el sector minorista encontramos historias de pequeños comercios en línea que utilizan chatbots entrenados para atender a los clientes en horario ininterrumpido. Una tienda de moda puede automatizar la conversación básica con un cliente, ofreciendo tallas, colores y sugerencias de accesorios. Esta atención inmediata y personalizada incrementa la satisfacción de las personas, que perciben un servicio más cercano, a la vez que permite al propietario del comercio descansar o dedicarse a labores más estratégicas. Con la misma lógica, muchos negocios han instalado sistemas de IA para recibir y priorizar correos electrónicos, filtrar dudas frecuentes o ofrecer un catálogo de soluciones dependiendo de la consulta. Así se reduce la carga de trabajo de los emprendedores y se crean experiencias de usuario más fluidas.

Las plataformas de marketing automatizado son otro gran ejemplo de cómo la IA impulsa a negocios que quizá no manejan enormes presupuestos. Soluciones como

ActiveCampaign o HubSpot integran algoritmos de machine learning que ayudan a analizar listas de contactos y segmentarlas de forma óptima. Esto significa que un pequeño negocio puede enviar correos personalizados, programar publicaciones en redes sociales y hacer un seguimiento detallado del comportamiento de su audiencia. Incluso existen herramientas que ajustan dinámicamente el contenido de un correo electrónico según las interacciones previas del usuario, maximizando la tasa de apertura y la conversión. De pronto, una startup con un equipo reducido tiene la capacidad de ejecutar campañas casi tan elaboradas como las de las multinacionales, con la ventaja de hacerlo de manera mucho más rápida y con un costo accesible. Y aquí radica uno de los grandes valores de la IA: democratiza la capacidad de análisis y de acción, poniendo recursos poderosos al alcance de cualquier emprendedor.

En el ámbito de la educación, los ejemplos de crecimiento y éxito se multiplican. Una de las historias más llamativas viene de una academia en línea que desarrolló un asistente virtual basado en IA para ayudar a los estudiantes a resolver dudas en tiempo real. La academia en cuestión había recibido múltiples quejas de usuarios que no podían esperar a que un profesor los atendiera, o se sentían intimidados al exponer sus dificultades en foros masivos. Cuando instalaron el chatbot inteligente, notaron que las preguntas frecuentes recibían respuesta inmediata, reduciendo drásticamente la tasa de abandono. Además, el sistema recopilaba información sobre las lagunas de conocimiento más comunes, permitiendo a los instructores crear lecciones más focalizadas. El resultado fue una mejora ostensible en la retención y en la satisfacción, lo que a su vez propulsó el crecimiento de la academia. En cuestión de un año, duplicaron su número de estudiantes y fortalecieron su reputación como una plataforma efectiva de enseñanza. Todo, gracias a una herramienta de IA que, inicialmente, ni siquiera sabían si iba a encajar con su propuesta educativa.

Dentro del sector de la salud, hallamos la historia de un hospital que adoptó algoritmos de aprendizaje profundo para el análisis de imágenes médicas. Al principio, hubo resistencias naturales: ¿dejar que una "máquina" diagnostique o señale hallazgos en radiografías o resonancias magnéticas? Con el tiempo, y tras una serie de pruebas rigurosas, el personal médico se dio cuenta de que el modelo basado en redes neuronales podía detectar anomalías diminutas que escapaban al ojo humano, sobre todo en etapas tempranas de enfermedades como el cáncer. Con esa mejora en la precisión del diagnóstico, el hospital incrementó su prestigio y atrajo a pacientes de otras regiones, quienes veían en la tecnología una garantía adicional de buen cuidado. Además, la IA permitía que los médicos dedicaran más tiempo a consultas personalizadas y a la investigación, en lugar de gastar horas revisando cientos de imágenes al día. El crecimiento fue notorio, tanto en la atención a pacientes como en el nivel de colaboración con otras instituciones que buscaban implementar soluciones similares.

Por otro lado, en la industria de la agricultura también emergen ejemplos sorprendentes. Actualmente, existen proyectos que utilizan drones equipados con visión por computadora para monitorear extensas áreas de cultivo. Estos drones, controlados y analizados por sistemas de IA, pueden detectar problemas como plagas, falta de nutrientes o riego insuficiente. De este modo, el agricultor puede actuar antes de que la cosecha se arruine, focalizando los recursos en las zonas afectadas. Con esta metodología, varios emprendedores han optimizado sus siembras y han logrado un incremento significativo en la productividad de sus cultivos. Al vender más y con mayor calidad, amplían su mercado y refuerzan la rentabilidad. Algunos incluso han creado consultorías agrícolas que venden este servicio a otros productores, multiplicando las oportunidades de negocio.

No se quedan atrás los negocios de consultoría en línea que encontraron en la IA un medio para escalar sus servicios. Consultores financieros, de recursos humanos o de gestión empresarial han visto cómo la IA puede recopilar datos de los clientes, comparar resultados con métricas estándar de la industria y proponer soluciones inmediatas o alertar de posibles riesgos. Es tan atractivo para un cliente saber que recibirá un diagnóstico rápido y preciso que muchas consultoras han crecido exponencialmente. Además, las herramientas inteligentes ayudan a asignar recursos y tiempos de los consultores humanos de manera mucho más eficaz, reservando las labores de mayor complejidad para la experiencia personal y dejando las tareas repetitivas o más mecánicas en manos de los algoritmos. El impacto en las ganancias y en la capacidad de atender a más empresas al mismo tiempo ha sido tal que ahora resulta casi impensable concebir una consultoría de éxito que no implemente, al menos en parte, la inteligencia artificial.

Otro ejemplo interesante son las agencias de marketing digital que, hoy en día, basan gran parte de su propuesta de valor en la IA. Hace algunos años, la segmentación de anuncios y la optimización de campañas publicitarias en línea se hacían mediante pruebas, conjeturas y horas de análisis manual. Con la irrupción de la inteligencia artificial, las agencias pueden automatizar gran parte de ese trabajo, estableciendo reglas y objetivos que el algoritmo va aprendiendo a perfeccionar con cada iteración. Por ejemplo, una agencia puede utilizar IA para analizar qué grupos demográficos responden mejor a ciertos tipos de anuncios, qué contenido tiende a viralizarse en redes sociales específicas o qué precios son más atractivos para un mercado determinado. Al final, pueden ofrecer informes detallados y prácticamente en tiempo real sobre el desempeño de las campañas. ¿El resultado? Muchos más clientes, mayores ingresos y la consolidación de reputaciones como expertos en un campo que, hace poco, parecía reservado para grandes corporaciones con enormes presupuestos publicitarios.

Mención aparte merece la creciente ola de profesionales independientes (freelancers) que usan la IA como trampolín para diferenciarse en mercados altamente competitivos. Por ejemplo, redactores que integran herramientas de generación de texto para acelerar la producción de contenidos. Lo inteligente no es simplemente copiar lo que produce la IA, sino usar esos borradores para inspirar ideas, recortar tiempos de investigación y dar forma a artículos o materiales con un estilo más pulido y personal. Este proceso híbrido permite atender a más clientes en menos tiempo, manteniendo, e incluso mejorando, la calidad del trabajo. Los diseñadores, por su parte, pueden apoyarse en software de generación de imágenes para explorar conceptos visuales o crear prototipos que sirvan de base para un proyecto. De igual forma, los consultores que ofrecen servicios de reingeniería de procesos se apoyan en el análisis de datos automatizado para detectar cuellos de botella con la precisión que solo un algoritmo entrenado puede brindar. Este uso inteligente de la IA se traduce en mayor eficiencia, reputación y, por ende, aumento en tarifas y cartera de clientes.

Son tantos los ejemplos que, en realidad, cada área de negocio tiene al menos una historia de éxito ligada a la implementación de la inteligencia artificial. En la industria turística, encontramos agencias online que, en lugar de mostrar listados interminables de hoteles y vuelos, utilizan sistemas de recomendación para proponer viajes a medida. Analizan el historial de búsqueda del usuario, su perfil demográfico y hasta su interacción en redes sociales, para sugerir destinos que puedan encajar con su estilo de vida o sus vacaciones soñadas. Este enfoque personalizado encanta a los clientes que desean planes más específicos y menos genéricos. Al mismo tiempo, incrementa las probabilidades de compra y las ganancias de la agencia. Con la adopción de estos algoritmos, muchas agencias pequeñas lograron diferenciarse y competir con gigantes del sector, ganando tracción y visibilidad que, en el pasado, habría sido muy difícil de obtener.

El mundo del delivery y las aplicaciones de reparto también ha vivido un crecimiento impresionante de la mano de la IA. Empresas que manejan flotas de repartidores o drones, incluso negocios locales que contratan servicios de logística inteligente, utilizan algoritmos para optimizar rutas, calcular tiempos de entrega y hacer pronósticos de demanda. Por ejemplo, al procesar datos del tráfico en tiempo real y cruzarlos con la localización de cada repartidor, se pueden reasignar pedidos en cuestión de segundos. Esto reduce retrasos, mejora la calidad del servicio y aumenta la satisfacción de los clientes, lo que a su vez dispara la fidelización. Algunas de estas empresas, al explotar la IA de manera efectiva, han pasado de ser startups prometedoras a convertirse en referentes absolutos del sector, atrayendo a inversores y expandiéndose a múltiples ciudades en un lapso récord.

La industria financiera no se queda atrás. El uso de la IA para detectar fraudes en transacciones electrónicas, para asesorar en inversiones o incluso para aprobar solicitudes de crédito se ha convertido en una práctica casi estándar en bancos y fintechs. Las compañías que han invertido tiempo y recursos en desarrollar algoritmos propios vieron un aumento sustancial en la confianza de sus usuarios. Al brindar resultados rápidos y certeros, estas aplicaciones permiten a un cliente conocer su estatus crediticio sin necesidad de engorrosos papeleos o largas esperas. En inversiones, se emplean modelos de predicción que analizan noticias, redes sociales y datos históricos de mercado para recomendar la composición de carteras. Aunque nadie garantiza un éxito financiero inmediato, el simple hecho de contar con un análisis más profundo y veloz puede marcar la diferencia a la hora de ganar la preferencia de los ahorristas o de los inversores. Varios fondos de inversión pequeños que adoptaron estas prácticas crecieron hasta multiplicar su tamaño y atraer clientes de todos los rincones del mundo.

Otro caso fascinante se ve en las plataformas de contenido generativo, donde la IA permite a creadores de cómics, novelas o diseños producir versiones preliminares con rapidez. Un emprendedor que desea publicar un libro puede usar un modelo de lenguaje para darle forma inicial a capítulos, diálogos y descripciones, y luego pulir el estilo con su toque personal. Esto reduce el bloqueo creativo y agiliza la producción, lo que a su vez incrementa la posibilidad de lanzar más obras en menos tiempo. Hay escritores que, con esta metodología, han duplicado o triplicado su bibliografía en un año. Y su éxito no se queda en lo literario: al tener un catálogo más amplio, sus ventas suben, construyen una marca reconocible y, en algunos casos, firman contratos con editoriales o plataformas de lectura en línea dispuestas a invertir en su talento. Lo mismo aplica en la ilustración y el diseño de portadas, donde se pueden crear prototipos en cuestión de minutos y seleccionar aquella imagen que mejor transmita la esencia del libro. Este círculo virtuoso resulta sumamente atractivo para cualquier creativo que desee maximizar sus posibilidades de crecimiento.

Uno de los testimonios más asombrosos en cuanto a crecimiento se sitúa en las agencias de servicio al cliente. Una compañía que atendía llamadas de soporte técnico para varias marcas se encontraba al límite de su capacidad, con un equipo grande de personas que no lograba cubrir la demanda creciente de consultas. Tomaron la decisión de incorporar chatbots y sistemas de respuesta automatizada basados en IA para atender los llamados iniciales y, en caso de requerir una atención especializada, transferir la llamada a un agente humano. Sorprendentemente, más de la mitad de los clientes solucionaba su problema sin interacción con una persona, lo que liberó al personal y permitió ofrecer una atención de mayor calidad en casos complicados. ¿La consecuencia? La empresa pudo aumentar su número de clientes corporativos, ya que ahora tenía la capacidad de atender muchas más llamadas sin sacrificar estándares de servicio. En cuestión de meses, subieron sus ingresos y lograron expandir sus oficinas, contratando más personal especializado en mejorar los algoritmos y supervisar la satisfacción de los usuarios. El salto cualitativo y cuantitativo fue de tal magnitud que, en pocos años, esta compañía se convirtió en líder en su sector, sirviendo de inspiración a muchas otras que siguieron el mismo camino.

Otro ejemplo que suele despertar curiosidad es el de las empresas de recursos humanos que han adoptado IA para agilizar los procesos de reclutamiento y selección. Antes, revisar cientos de currículums y hacer preentrevistas consumía una cantidad enorme de recursos. Ahora, con herramientas de IA capaces de filtrar candidaturas, evaluar competencias y hasta programar dinámicas virtuales, las consultoras de recursos humanos consiguen un nivel de eficiencia inédito. Esto se traduce en la posibilidad de atender a más empresas, lanzar procesos de reclutamiento masivos y responder con mayor rapidez a las necesidades de personal. La buena reputación se extiende, generando más contratos con grandes empresas, lo que termina impulsando el crecimiento de la consultora. Algunas han llegado a aumentar su clientela global y abrir sedes en otras ciudades o países, una hazaña que se vio impulsada, en gran medida, por la adopción temprana de la IA.

La creatividad y la visión innovadora también encuentran su recompensa en la industria del desarrollo de software. Varios estudios de programación, que antes competían únicamente en precio y velocidad, se han distinguido al integrar sistemas de prueba automatizados y análisis predictivo de errores en su flujo de trabajo. Esto les permitió entregar resultados de mayor calidad, reduciendo en gran medida los plazos de garantía y correcciones. Como consecuencia, obtuvieron contratos más importantes y establecieron acuerdos de colaboración con socios extranjeros. Así, empezaron como pequeñas empresas locales y, en pocos años, construyeron reputaciones internacionales basadas en la eficacia de la inteligencia artificial para cumplir plazos y estándares de calidad superiores.

Los emprendedores que se enfocan en soluciones relacionadas con la logística y el transporte también tienen ejemplos brillantes. Uno de ellos es la historia de un servicio de mensajería que, en una ciudad saturada de tráfico, se aventuró a desarrollar una aplicación respaldada por un algoritmo de optimización de rutas en tiempo real. Esa capacidad de recalcular itinerarios al instante, combinada con la predicción de picos de demanda, hizo que sus entregas fueran mucho más rápidas que las de la competencia. El boca a boca y las valoraciones positivas en línea generaron un crecimiento espectacular en número de clientes, lo que a su vez significó la posibilidad de adquirir más vehículos y dar mejores condiciones laborales a sus empleados, manteniendo el ciclo virtuoso. Hoy, esa mensajería funciona en varias ciudades y se ha ganado una reputación formidable gracias a la eficacia de su IA.

Resulta alentador notar que todos estos casos presentan factores en común: en primer lugar, una firme decisión de explorar herramientas de IA para resolver problemas concretos; en segundo, la capacidad de integrar dichas herramientas de manera orgánica en los procesos de la empresa, sin esperar que la tecnología por sí sola haga magia; y, por último, la disposición de aprender y de adaptarse a los resultados que ofrece la IA, dado que el aprendizaje automático no siempre da en la diana a la primera y requiere supervisión y ajustes humanos. Estos emprendimientos o compañías supieron equilibrar la automatización con la supervisión, la escalabilidad con la calidad y la inercia inicial con la creatividad. Y en cada uno de esos factores, la inteligencia artificial se mostró como un aliado imprescindible para dar el gran salto.

También es importante resaltar cómo la IA ha permitido que negocios de nicho encuentren mercados que antes les estaban vedados. Un caso ilustrativo es el de una pequeña empresa de artesanías que, en vez de limitarse a vender en su localidad, desarrolló un sitio web con un algoritmo de recomendación y análisis de comportamiento del cliente. El sistema categorizaba productos por estilo, color y materiales, identificaba patrones de gusto en los visitantes y creaba colecciones personalizadas para cada uno. Gracias a que el sitio mostraba al cliente justo lo que le interesaba, las ventas se dispararon, y la empresa pudo abrirse camino a través de plataformas internacionales. En unos cuantos meses, ese negocio familiar empezó a recibir pedidos desde otros continentes, lo cual hubiera sido impensable sin la ayuda de la IA que hacía las recomendaciones y orientaba la publicidad en línea de manera efectiva.

Siguiendo la misma línea, existen autónomos que han comprendido que la especialización en IA abre oportunidades en la consultoría de prompts y soluciones personalizadas. Alguien con talento para la lingüística y la comunicación puede asesorar a empresas sobre cómo formular las instrucciones o preguntas adecuadas a un modelo de lenguaje, maximizando así la calidad de las respuestas. Esto puede sonar mínimo, pero se ha convertido en todo un mercado en expansión. Varias personas iniciaron dando este servicio a pequeñas startups, y con el aumento de la demanda, montaron agencias que ya manejan grandes proyectos corporativos. La premisa es sencilla: la IA produce mejores resultados cuando se le hacen preguntas más precisas, y no todos saben cómo redactarlas. Estos consultores se han vuelto indispensables, logrando cobrar tarifas nada despreciables y creciendo sus negocios a medida que la necesidad se hace más patente.

Otro ámbito donde la IA ha jugado un papel fundamental es el marketing de afiliados. Numerosos emprendedores se han dedicado a generar contenidos automatizados, dirigidos a atraer a usuarios con intereses específicos, y luego aprovechar los enlaces de afiliados para monetizar esas visitas. Con sistemas de IA que analizan tendencias de búsqueda, pueden anticipar qué temas se posicionarán bien en buscadores como Google, crear contenido en masa (siempre con supervisión editorial) y captar tráfico cualificado que, con gran probabilidad, realice la acción esperada, ya sea una compra o la suscripción a un servicio. De esa manera, muchos afiliados han pasado de tener ingresos modestos a generar sumas considerables todos los meses, escalando su modelo con el soporte de algoritmos que facilitan la elección de keywords, el diseño de titulares y la organización lógica de los artículos.

La lista de ejemplos reales de negocios que han crecido gracias a la IA podría extenderse indefinidamente, y cada día surgen nuevas historias que refrendan el poder transformador de esta tecnología. Desde plataformas de préstamos entre particulares que utilizan algoritmos de evaluación de riesgo, hasta sistemas de facturación contable que detectan errores y fraudes en documentos digitales, la IA se ha convertido en un ingrediente esencial para la innovación y el éxito. El común denominador entre estos casos es la capacidad de resolver problemas de manera más rápida, económica y efectiva. Como resultado, las empresas o emprendimientos ganan en competitividad y escalan más rápido de lo que jamás imaginaron.

Al ver la amplitud de sectores impactados, podemos afirmar que la IA no discrimina. Tanto en el mundo de la alta tecnología como en el de las artes, tanto en empresas gigantes como en microemprendimientos, se encuentran historias de crecimiento apalancado por algoritmos de aprendizaje automático. Esto refleja que la clave no está solo en tener grandes cantidades de dinero para invertir, sino en la actitud hacia la innovación y la búsqueda de soluciones creativas. Muchos de los casos más destacados parten de un problema real que, una vez identificado, se ataca con la combinación justa de ingenio humano y poder de computación. Esa sinergia es la esencia de la IA aplicada con éxito. No es un sustituto total del trabajo humano, sino una ampliación de nuestras capacidades, una especie de compañero infatigable que se especializa en procesar datos y automatizar rutinas, dejándonos la estrategia, la empatía y la visión de conjunto.

Para quienes lean estas historias con el anhelo de construir su propio caso de éxito, la enseñanza principal es que la IA sirve para multiplicar lo que ya se hace bien o para descubrir caminos que estaban fuera de la vista. El desarrollo de un negocio puede venir por vía de la optimización, de la personalización, de la predicción o de la automatización. Y en cada una de esas vías, la IA ofrece técnicas y herramientas específicas. El punto de partida es atreverse a experimentar, a investigar un poco y a integrarla de forma gradual en el flujo de trabajo. Más pronto que tarde, aparecen mejoras tangibles que, al consolidarse, generan ese efecto de bola de nieve que hace crecer los emprendimientos.

Otro aspecto a rescatar es que no es necesario ser un programador experto para beneficiarse de la IA. Buena parte de las empresas y profesionales que han logrado sobresalir lo hicieron utilizando plataformas y servicios ya existentes que simplifican el acceso a algoritmos complejos. En muchos casos, basta con un conocimiento intermedio de herramientas de marketing, de software de análisis de datos o de generadores de texto y voz. Lo que marca la diferencia es la comprensión de cómo aplicar esas herramientas a un problema concreto, la constancia para hacer ajustes y la inteligencia para medir resultados. Varios de estos emprendedores no sabían nada de machine learning al inicio; aprendieron en la marcha, aprovechando tutoriales, comunidades en línea y la siempre valiosa estrategia de ensayo y error.

Al final, lo que todos estos casos reales dejan como moraleja es que la inteligencia artificial actúa como catalizador de cambio y de crecimiento. Desde gigantes como Netflix o Amazon, cuyas fortunas se han multiplicado con cada avance en IA, hasta pequeños negocios de artesanías, academias en línea o consultorías personalizadas que han encontrado en la tecnología la clave para expandirse, la historia se repite: allí donde se aplica la IA con objetivos claros, es probable que surjan nuevas oportunidades de negocio y se abran caminos que antes estaban cerrados. Ya no hace falta una infraestructura costosa o un equipo de científicos de datos para adentrarse en este universo. La evolución de las herramientas hace que esté al alcance de cualquier persona que esté dispuesta a formarse, a explorar y a aprovechar la revolución digital de nuestro tiempo.

No cabe duda de que habrá muchos más ejemplos en el futuro cercano, algunos tan sorprendentes que nos obligarán a replantear de nuevo lo que entendemos por "normal" en el mundo de los negocios. Lo que hace unos años parecía imposible o reservado para las superempresas ahora se ha vuelto cotidiano. Y precisamente de eso se trata la revolución de la IA: no solo de producir grandes titulares o generar valor para unos pocos, sino de distribuir el poder de crear e innovar a todas las escalas, abriendo paso a nuevas historias de éxito y crecimiento que son fuente de inspiración para millones de emprendedores y profesionales alrededor del planeta.

CAPÍTULO 1: CONCEPTOS BÁSICOS DE LA INTELIGENCIA ARTIFICAL

La inteligencia artificial se presenta ante nosotros como un campo tan vasto que a veces puede intimidar, pero lo cierto es que sus fundamentos no son tan lejanos de la lógica con la que hemos vivido siempre: observar patrones, aprender de la experiencia y tomar decisiones basadas en lo que vamos descubriendo. Eso sí, la gran diferencia es que la IA combina esta esencia de aprendizaje con la potencia ilimitada de las computadoras, siendo capaz de procesar enormes cantidades de datos para encontrar regularidades, tendencias y respuestas en lugares que, para la mente humana, resultarían inalcanzables a simple vista. Cuando hablamos de conceptos básicos, nuestro objetivo es familiarizarnos con el lenguaje que rodea la IA, con las ideas clave que sustentan sus avances y con la forma en que esto se traduce en aplicaciones reales que ya impactan nuestro día a día.

Para empezar a desmenuzar la inteligencia artificial, conviene pensar en los pilares que la sostienen. En esencia, la IA busca reproducir o emular ciertas capacidades que consideramos "inteligentes" en los seres humanos, tales como el razonamiento, la resolución de problemas, la comprensión del lenguaje, la percepción del entorno y el aprendizaje a partir de la experiencia. Sin embargo, la IA no intenta copiar la mente humana como si fuera un calco exacto, sino que se inspira en nuestro modo de razonar para diseñar algoritmos y métodos capaces de procesar información de forma eficiente. Por eso, el aprendizaje automático o machine learning se vuelve tan importante: este conjunto de técnicas enseña a las máquinas a aprender mediante datos, en lugar de limitarse a seguir instrucciones detalladas paso a paso.

Dentro del aprendizaje automático destaca un área crucial: el deep learning o aprendizaje profundo. Este se basa en el concepto de redes neuronales, una aproximación inspirada en la estructura del cerebro humano. Una red neuronal es un modelo matemático compuesto por capas de "neuronas" (nodos) interconectadas, que tienen la capacidad de modificar la fortaleza de sus conexiones a medida que reciben ejemplos. Así, aprenden a reconocer patrones complejos, como la forma de un rostro o el significado de una palabra en un contexto determinado. La razón por la que escuchamos tanto sobre el deep learning en los últimos años es que, gracias al incremento en el poder de cómputo y a la disponibilidad de datos masivos, estos modelos han superado barreras que antes parecían infranqueables, alcanzando un nivel de precisión y velocidad sorprendentes.

El aprendizaje automático, en su sentido más amplio, puede dividirse en tres grandes categorías: supervisado, no supervisado y por refuerzo. En el aprendizaje supervisado, se parte de un conjunto de datos etiquetados por humanos o por sistemas previos, de modo que la IA sabe qué está viendo y aprende a replicar esa asignación de etiquetas. Por ejemplo, si tenemos miles de imágenes de gatos y perros clasificadas como tales, el algoritmo puede entrenarse para distinguir entre ambos y, con el tiempo, aplicará ese conocimiento a nuevas fotografías, determinando si aparece un gato o un perro con altos niveles de exactitud. El aprendizaje no supervisado, por otro lado, trabaja con datos sin etiquetar, buscando patrones o grupos por sí solo. Sirve para agrupar clientes con preferencias similares, detectar anomalías en conjuntos de datos o descubrir estructuras ocultas. Finalmente, el aprendizaje por refuerzo se basa en la idea de recompensar a la IA cuando realiza acciones correctas y penalizarla cuando comete errores, un enfoque que se ha utilizado de forma masiva en la programación de robots y en juegos complejos, como el famoso caso de AlphaGo, que venció a campeones mundiales de go.

No obstante, hablar de IA va más allá de mencionar únicamente el aprendizaje automático. Existen áreas clásicas como la lógica difusa, la inteligencia de enjambre o los sistemas expertos que datan de décadas atrás y que han contribuido a la evolución de este campo. Por ejemplo, los sistemas expertos se basaban en reglas definidas por seres humanos muy especializados en un dominio, lo que permitía a la máquina "razonar" bajo condiciones específicas. Este método fue un gran avance en su momento, pero se vio limitado por la complejidad de codificar manualmente las reglas y excepciones de casi cualquier campo de conocimiento. Fue entonces cuando el aprendizaje automático empezó a brillar, ya que delega en el algoritmo la tarea de descubrir esas reglas a partir de ejemplos concretos.

Aunque la IA parezca un concepto novedoso, sus orígenes se remontan a mediados del siglo XX. Uno de sus padres fundadores fue Alan Turing, quien planteó preguntas fundamentales acerca de si las máquinas podrían pensar. A partir de ahí, se llevaron a cabo investigaciones en universidades pioneras como el MIT o Stanford, donde surgieron ideas que, con el tiempo, se convertirían en la base de los algoritmos actuales. El término "inteligencia artificial" se acuñó oficialmente en la década de 1950, en conferencias como la de Dartmouth, donde un grupo de científicos visionarios sentó las bases de lo que, en aquel momento, se consideraba un sueño futurista. La evolución no fue lineal ni constante: hubo etapas de estancamiento, conocidas como "inviernos de la IA", en las que las promesas superaban a los resultados tangibles, y el financiamiento se contrajo. Sin embargo, cada vez que la tecnología de cómputo daba un salto, la IA resurgía con renovada fuerza, hasta llegar a nuestro presente, donde se materializa en aplicaciones que antes eran impensables.

Para entender estos conceptos básicos, es útil ver cómo la IA procesa la información. Un algoritmo típico de machine learning se enfrenta a tres fases: entrenamiento, validación y prueba. En la fase de entrenamiento, el algoritmo ve muchísimos ejemplos con sus correspondientes etiquetas o referencias y va ajustando sus parámetros internos para minimizar el error. Imaginemos, por ejemplo, una red neuronal que busca clasificar correos como spam o no spam. Inicialmente, la red no sabe nada; simplemente ajusta sus parámetros al azar. Cada vez que "lee" un correo, verifica si su clasificación (spam o no spam) coincide con la etiqueta real. Si hay error, se modifican los parámetros para corregirlo. Así, repetidamente, la red aprende patrones y señales que caracterizan un correo de spam, hasta que el nivel de error disminuye lo suficiente. Durante la validación, se verifica la eficacia del modelo en datos que no se usaron en el entrenamiento, asegurando que el algoritmo no haya aprendido solo de memoria. Por último, en la fase de prueba, se mide el desempeño final en un conjunto de datos completamente nuevo, lo que confirma si el modelo está listo para el "mundo real" o necesita más ajustes.

Otro de los aspectos esenciales para entender la IA es el rol protagónico que juegan los datos. Se dice con frecuencia que "los datos son el nuevo petróleo". ¿Por qué? Porque la inteligencia artificial, especialmente el aprendizaje automático, depende de ellos para aprender y refinar sus predicciones. Cuantos más datos y mayor variedad tenga un modelo, más sólida será su capacidad para generalizar. Por eso vemos a grandes empresas como Google, Amazon o Facebook invirtiendo en recopilar y procesar cantidades gigantescas de información. No se trata de un mero afán de control, sino de que cada punto de información, cada clic o búsqueda, ayuda a mejorar los algoritmos que alimentan su competitividad. En emprendimientos más pequeños, la disponibilidad de datos también marca la diferencia entre un proyecto exitoso y uno que se queda en intenciones. Por eso han surgido iniciativas de datos abiertos y la posibilidad de adquirir bases de datos específicas. Mientras más cuidadosamente se seleccionen y etiqueten, mejores serán los resultados del modelo.

Otro concepto muy relacionado es la "precisión" o exactitud de un modelo. Cuando se entrena un sistema de IA para predecir, por ejemplo, la probabilidad de que un usuario compre un producto, no basta con acertar unas cuantas veces. El objetivo es alcanzar un nivel de acierto lo suficientemente alto como para justificar su uso continuo. Sin embargo, hay que aclarar que, en la práctica, no siempre se necesita un 100% de precisión. Todo depende del contexto: en medicina, un diagnóstico automatizado debe ser extremadamente confiable, pues un error puede costar vidas. En cambio, en marketing, un margen de error puede ser tolerable si, en conjunto, la campaña genera un beneficio mayor que los métodos tradicionales. Esta perspectiva de "uso contextual" de la IA es clave para entender por qué a veces se adoptan sistemas con niveles de acierto que no son perfectos, pero sí superiores a lo que un humano podría lograr o a lo que se tenía antes.

El avance de la IA ha propiciado también la creación de "frameworks" y bibliotecas de software que facilitan su uso. Herramientas como TensorFlow, PyTorch o Scikit-Learn han simplificado tanto la implementación de modelos que, con un conocimiento básico de programación, es posible experimentar con redes neuronales, algoritmos de clasificación o sistemas de recomendación. Esto ha contribuido a la masificación de la IA, pues ya no es necesario que cada desarrollador cree su propia versión desde cero. Del mismo modo, gigantes tecnológicos publican tutoriales y recursos de código abierto, interesadas en fomentar el ecosistema y, de paso, nutrir de talento a sus propias filas.

Un punto esencial para ahondar en los conceptos básicos es la distinción entre IA débil y IA fuerte, aunque estos términos, en la práctica, se usan con menor frecuencia. La IA débil o estrecha se refiere a sistemas diseñados para realizar tareas específicas, como traducir texto, reconocer voz o jugar ajedrez. Son muy buenos en lo que hacen, pero no tienen conciencia ni entienden el mundo de la forma en que un humano lo haría. La IA fuerte, por su parte, apunta a la creación de máquinas con conciencia y capacidad de razonamiento general, algo que por ahora permanece en el terreno de la ciencia ficción y la investigación más teórica. La mayoría de las aplicaciones actuales que generan ingresos y se usan de forma cotidiana son ejemplos de IA estrecha que ejecutan con gran eficacia labores concretas.

Cuando se habla de "conceptos básicos", muchas personas muestran curiosidad por términos como redes convolucionales o redes recurrentes. Las redes convolucionales (CNN) se utilizan sobre todo para el procesamiento de imágenes y video. Se inspiran en el funcionamiento de la corteza visual del cerebro y funcionan muy bien para reconocer rostros, clasificar objetos y realizar tareas de visión por computadora. En cambio, las redes recurrentes (RNN), incluidas las LSTM o GRU, son fundamentales en el procesamiento del lenguaje y de secuencias, como series temporales, dado que tienen una especie de "memoria interna" que les permite tomar en cuenta lo que han visto anteriormente. Estas arquitecturas se han combinado en modelos sofisticados que procesan texto, audio e imágenes, dando paso a la generación de contenido multimedia.

Así llegamos a otro concepto fascinante: el de los modelos generativos, capaces de crear nueva información a partir de lo que han aprendido. En los últimos años, se ha popularizado el término "GAN" (Generative Adversarial Network), que describe un modelo compuesto por dos redes neuronales que compiten entre sí, una que genera contenido y otra que lo evalúa. Este enfoque ha propiciado la creación de imágenes realistas, la modificación de rostros en videos (deepfakes) y la síntesis de voz casi indistinguible de la humana. Más allá de la polémica que puedan desatar estas aplicaciones, dan muestra de lo lejos que ha llegado la IA en la capacidad de "inventar" cosas nuevas. No es que las máquinas piensen o sean creativas como un ser humano, sino que combinan de manera muy sofisticada los patrones aprendidos, hasta producir resultados que parecen surgir de la nada.

Entender los conceptos básicos de la IA incluye también una perspectiva sobre sus límites y desafíos. Uno de ellos es el fenómeno del "sesgo algorítmico". Los modelos de IA aprenden de los datos que les proporcionamos, y esos datos, en muchas ocasiones, arrastran sesgos sociales, históricos o culturales. Así, si un conjunto de datos de reclutamiento proviene de una empresa que, en el pasado, discriminaba sin darse cuenta a ciertos grupos, el algoritmo podría perpetuar dicha discriminación al recomendar candidatos. Esto obliga a los desarrolladores y a los responsables de negocio a ser muy cuidadosos con la elección y preparación de los datos, así como a idear mecanismos de auditoría que garanticen la equidad de los sistemas. Sin duda, la IA abre oportunidades, pero también nos pone frente a responsabilidades éticas que no podemos ignorar.

Asimismo, surge el problema de la interpretabilidad. Los algoritmos de machine learning, en particular las redes neuronales profundas, se comportan como "cajas negras", lo que significa que pueden tomar una decisión con un alto grado de certeza, pero sin que sea sencillo explicar a detalle cómo llegaron a ella. Esto contrasta con modelos estadísticos clásicos, como la regresión lineal, en la que podemos interpretar la contribución de cada variable al resultado final. La falta de interpretabilidad en la IA profunda se convierte en un obstáculo en sectores donde la transparencia es esencial, como la medicina o las finanzas, pues es necesario justificar las decisiones. Por eso se ha ido desarrollando una rama de estudio enfocada en la "IA explicable", que busca arrojar luz sobre los procesos internos de estos algoritmos para hacerlos más confiables y aceptables para usuarios y reguladores.

Pese a todo, la curva de aprendizaje no debe asustar a nadie. La mayoría de las personas que hoy lideran proyectos de IA en empresas o emprendimientos comenzaron con escasos conocimientos, pero con una gran determinación para aprender y practicar. No es necesario ser un matemático brillante, aunque entender principios básicos de estadística y álgebra lineal ayuda. Tampoco hace falta una titulación de posgrado para sacar partido de las bibliotecas de machine learning y poner en marcha soluciones sencillas. La clave radica en identificar problemas concretos que se puedan resolver con la IA y empezar a experimentar, de preferencia con un conjunto de datos manejable. La experiencia muestra que quienes dominan estos conceptos básicos y se animan a aplicarlos cosechan resultados valiosos, tanto en lo profesional como en lo financiero.

Además, el ecosistema actual de la IA está plagado de cursos, tutoriales, libros y comunidades en línea. Plataformas de aprendizaje ofrecen clases gratuitas o de pago, que inician desde lo más elemental hasta llegar a métodos avanzados.

Foros especializados, como GitHub o Stack Overflow, permiten que los desarrolladores compartan código, discutan problemas y colaboren en proyectos de código abierto. Lo que antes demandaba años de investigación y presupuestos enormes, hoy está al alcance de cualquier interesado. Esto ha generado un movimiento global de entusiastas que, desde distintas partes del mundo, contribuyen al avance de la IA, ampliando sus fronteras y buscando nuevas formas de integrarla en la sociedad.

Entre los conceptos que más atraen la atención de los recién llegados destaca el "procesamiento de lenguaje natural" (NLP), un ámbito que se enfoca en cómo las máquinas entienden y generan texto. Es el área que da vida a chatbots, asistentes virtuales y traductores automáticos cada vez más potentes. La razón de su popularidad radica en que tocar el lenguaje es equivalente a tocar la forma más humana de comunicarnos, y ver cómo un modelo de IA responde con fluidez resulta un impacto inmediato. Los avances en NLP han sido meteóricos en la última década, en parte gracias a la aparición de transformadores, una arquitectura de red neuronal que revolucionó la manera de manejar secuencias. Desde entonces, herramientas como GPT (Generative Pretrained Transformer) han hecho posible escribir textos coherentes y contextualmente relevantes, generando conversaciones naturales e impulsando la revolución que hoy vemos en asistentes virtuales y generación automática de contenido.

Cuando se inicia en el mundo de la IA, es común preguntarse si llegará un momento en que las máquinas realmente entiendan y razonen como nosotros. Esta es una cuestión filosófica y científica al mismo tiempo. En la práctica, la investigación avanza, pero todavía no tenemos evidencia de una "inteligencia general artificial" que abarque todas las facetas del pensamiento humano. Lo que vemos es un progreso extraordinario en subdominios muy concretos, que en conjunto dan la sensación de una IA omnipresente. Y, en cierto sentido, la IA ya supera nuestras capacidades en varios terrenos: analiza datos a mayor escala, juega mejor al ajedrez o al go, y se anticipa a comportamientos de usuarios en redes sociales con un acierto asombroso. Sin embargo, aún no percibe el entorno como lo haría un humano que integra experiencias sensoriales, emocionales, intuitivas y culturales.

Otro elemento básico de la IA es la "retroalimentación". Tanto los algoritmos como las empresas que los usan deben aprender de los aciertos y fallos para refinar los modelos. En muchos sistemas, cada interacción con el usuario es una oportunidad de reentrenar o ajustar parámetros, lo que se traduce en una mejora continua. Eso explica por qué, a lo largo del tiempo, un asistente virtual va entendiendo mejor nuestras preferencias, o por qué un recomendador de películas cada vez acierta más con lo que nos apetece ver. La retroalimentación se vuelve un activo invaluable, ya que cada nueva señal fortalece la capacidad predictiva y la adaptabilidad del sistema.

Dentro del ámbito empresarial, los conceptos básicos de la IA se resumen en la búsqueda de oportunidades de automatización, optimización y descubrimiento. La automatización, por ejemplo, permite liberar a los empleados de tareas rutinarias y ganar eficiencia. La optimización se refiere a hacer más precisos, rápidos o rentables procesos como la asignación de recursos, la gestión de inventarios o la segmentación de mercados. El descubrimiento abarca la capacidad de revelar patrones, tendencias o correlaciones imposibles de detectar a simple vista, lo que lleva a decisiones más fundamentadas. Todas estas aplicaciones reposan en la misma base conceptual: algoritmos que aprenden de datos para generar un beneficio tangible.

Es también importante reconocer que, para aplicar la IA de forma efectiva en un negocio o proyecto, resulta esencial un mínimo de estrategia en la gestión de datos. Tener datos desordenados, incompletos o de poca calidad limitará lo que el modelo pueda aprender. Por eso es normal que, al introducir la IA en una organización, el primer paso sea auditar la información que se posee, limpiar los registros, unificar criterios y, de ser necesario, reconfigurar la manera de recoger datos. Solo así se sentarán los cimientos para que el proyecto de IA no se convierta en un esfuerzo perdido. Ese trabajo previo puede ser tedioso, pero es la clave para que las predicciones y automatizaciones alcancen el grado de fiabilidad esperado.

Una vez superado este proceso inicial y al entender los conceptos troncales, es posible explorar herramientas más avanzadas o adaptadas a casos específicos. De ahí que la gente comience a hablar de visión por computadora, que es el campo de la IA centrado en la interpretación de imágenes y videos. O de robótica inteligente, donde robots equipados con sensores y algoritmos navegan el mundo físico y se adaptan en tiempo real a los obstáculos. O incluso de sistemas de diálogo multimodal, capaces de responder no solo texto, sino de interpretar señales como la entonación de la voz o las expresiones faciales. Cada uno de estos subcampos se nutre de los mismos pilares del aprendizaje automático, sumando técnicas más especializadas para procesar los datos que cada tarea requiere.

En síntesis, los conceptos básicos de inteligencia artificial abarcan la idea de que existen algoritmos capaces de aprender de datos, identificar patrones, hacer predicciones y, en algunos casos, generar contenidos. Se utilizan diversas técnicas y arquitecturas que, dependiendo de la aplicación, pueden ser más o menos complejas. El denominador común es la búsqueda de soluciones automatizadas que igualen o superen la precisión y la velocidad de las tareas humanas en ámbitos específicos. Esta concepción, que hace unos años parecía solo un ideal lejano, hoy se plasma en cientos de aplicaciones tangibles. Y si uno se acostumbra a la terminología y a las herramientas, descubrirá que, pese a su aparente sofisticación, la IA no es un ente misterioso, sino un conjunto de métodos con bases matemáticas y computacionales claras.

Mientras más exploremos estos conceptos, más notaremos que la IA está en todas partes, incluso en lugares insospechados: la detección de fraudes en nuestras tarjetas de crédito, el filtro de spam en nuestro correo electrónico, los correctores ortográficos en nuestros teléfonos, las cámaras que ajustan automáticamente la luz y el enfoque cuando tomamos fotos, las apps de mapas que reorientan la ruta según el tráfico y un sinfín de ejemplos más. Entender los fundamentos de la IA es entender cómo funciona buena parte de la tecnología moderna. Y, al mismo tiempo, es abrir la puerta a posibilidades de emprendimiento y de mejora que pueden transformar nuestras carreras profesionales o nuestros negocios.

Por ello, este capítulo inicial busca que te familiarices con los pilares esenciales: aprender a ver la IA no como magia, sino como algoritmos que, con el adiestramiento correcto y los datos adecuados, pueden realizar tareas específicas de forma extraordinariamente eficiente. El siguiente paso es empezar a imaginar cómo encajarían esos algoritmos en nuestros proyectos, qué problemas podrían resolver y qué oportunidades podrían abrir. Porque, si algo nos enseñan estos conceptos básicos, es que la inteligencia artificial no depende de la escala de tu empresa o de tu presupuesto, sino de la creatividad con la que decidas integrarla y del valor que quieras aportar a tu cliente final.

La IA tampoco está limitada a áreas hiperespecializadas. Al contrario, su cualidad multidisciplinaria le permite establecer puentes con el marketing, las ventas, la manufactura, la educación, la salud, la agricultura y cualquier otro campo que se apoye en datos y requiera soluciones de decisión o automatización. De ahí que, al hablar de conceptos básicos, no debamos quedarnos solo en la teoría, sino entender que cada modelo y cada técnica abre un abanico de aplicaciones concretas. Quien domine estos principios esenciales no solo tiene la base para avanzar hacia temas más complejos, sino que también adquiere la capacidad de dialogar con especialistas, proveedores y clientes sobre lo que la IA puede o no puede hacer, evitando falsas expectativas o promesas exageradas.

Tal vez el aspecto más emocionante al abordar los fundamentos de la IA sea la promesa de que, día con día, se están superando limitaciones antiguas. Antes, se pensaba que las máquinas no podrían reconocer la voz humana con precisión; hoy, los asistentes virtuales demuestran lo contrario. Se creía que las traducciones automáticas jamás reemplazarían a un traductor profesional; sin embargo, cada vez se acerca más la calidad de las traducciones automáticas al trabajo humano, aunque persistan matices culturales difíciles de reproducir. Así, vemos que los conceptos básicos de la IA no dejan de redefinirse, impulsados por la innovación y por un ecosistema que parece no tener freno. Esto es un incentivo enorme para cualquiera que desee formar parte de esta ola transformadora.

En conclusión, entender los conceptos básicos de la inteligencia artificial significa comprender la lógica de cómo las máquinas pueden aprender de datos, refinar sus predicciones y automatizar tareas que antes exigían atención humana constante. Se trata de acercarse a la idea de redes neuronales, aprendizaje supervisado, no supervisado y por refuerzo, así como a la importancia de la calidad de los datos y la necesidad de retroalimentación continua. Es también tomar consciencia de los dilemas éticos y de transparencia que surgen en la implementación de sistemas cada vez más poderosos. Pero, sobre todo, es la llave que abre la puerta a un futuro lleno de oportunidades, en el cual personas de distinto origen y formación podrán apalancarse en estos avances para innovar, emprender y replantear la forma en que trabajamos, creamos y resolvemos problemas. Este capítulo es solo el inicio de un camino apasionante que, a medida que lo recorras, te revelará el verdadero alcance de la IA y el lugar crucial que puede ocupar en tus proyectos y en tu visión de negocio.

CAPÍTULO 2: HERRAMIENTAS Y PLATAFORMAS DE IA ACCESIBLES

La revolución de la inteligencia artificial no se limita a grandes corporaciones o centros de investigación con presupuesto casi ilimitado. En la actualidad, existe un abanico de herramientas y plataformas, gratuitas o de pago, que permiten a cualquier emprendedor o profesional independiente introducir la IA en su rutina de trabajo y ahorrar tiempo y recursos. El propósito de este capítulo es abrir el panorama para que descubras soluciones prácticas, algunas muy sencillas y otras con mayor complejidad, diseñadas para optimizar tareas y potenciar al máximo la eficiencia de tus proyectos digitales. Verás que, en muchos casos, no se requieren conocimientos técnicos avanzados, sino más bien la disposición de experimentar y de entender cuál es la necesidad concreta de tu negocio.

Uno de los referentes más populares cuando hablamos de herramientas de inteligencia artificial es ChatGPT. Desarrollado para entablar conversaciones y generar texto de forma coherente, se ha convertido en una especie de asistente virtual para quienes requieren crear contenidos, responder consultas o, incluso, organizar ideas. Su versión gratuita ofrece bastantes funciones, permitiendo que cualquier persona lo pruebe y compruebe cómo, con las indicaciones adecuadas, puede redactar textos de calidad, sugerir correcciones, o elaborar un primer borrador de un artículo. La versión de pago, por su parte, añade mayor capacidad de procesamiento y acceso prioritario, ideal para quienes dependen de este tipo de generadores de texto de forma intensiva. El secreto de ChatGPT radica en la claridad de las indicaciones que le das: cuanto más específicas y dirigidas sean tus instrucciones, mejores resultados obtendrás. Es una herramienta que no sustituirá tu creatividad, pero puede impulsarla, ya que te libera del trabajo pesado de la escritura inicial y te brinda ideas que tal vez no habrías considerado.

Otra plataforma que ha capturado la atención de miles de emprendedores y creadores es Midjourney. Especializada en la generación de imágenes a partir de descripciones de texto, se ha vuelto una aliada para diseñadores, ilustradores y community managers que necesitan contenidos visuales atractivos de manera rápida. Con tan solo un prompt claro, Midjourney produce ilustraciones o composiciones que, en ocasiones, sorprenden por su nivel de detalle y creatividad. Existe la posibilidad de usarla de forma gratuita con ciertas limitaciones, mientras que los planes de pago desbloquean mayor resolución y opciones de estilo. Lo interesante de esta herramienta es su capacidad para convertirse en fuente de inspiración. Muchos creadores la utilizan como un primer paso para visualizar conceptos que luego refinan manualmente o que combinan con otras técnicas de diseño. Esto ayuda a acortar los tiempos de producción y reduce los costos que implicaría trabajar todas las ideas de cero, sin perder la esencia creativa que caracteriza a cada proyecto.

La inteligencia artificial también ha irrumpido con fuerza en el ámbito del marketing digital. Plataformas como Jasper, Copy.ai y otras similares se especializan en la generación de copys, descripciones de productos y contenido para redes sociales de forma automática. Con un enfoque de "copiloto creativo", el usuario puede introducir datos sobre la marca, el producto y el público objetivo, y la IA genera variantes de textos persuasivos en cuestión de segundos. Aunque ninguna plataforma garantiza un resultado perfecto a la primera, resulta útil contar con una base sólida sobre la cual trabajar, ya que te permite iterar y pulir, manteniendo el estilo y el tono deseados. Para muchos dueños de pequeñas empresas, contar con estas soluciones de redacción asistida ha significado reducir el tiempo invertido en la creación de campañas, de modo que pueden concentrarse en lo que verdaderamente requiere su atención estratégica.

Dentro del universo de la automatización, saltan a la vista herramientas como Zapier o Integromat, hoy llamadas Make en su nueva evolución. Aunque no sean inteligencia artificial "pura", sí integran algoritmos y conectores capaces de unir cientos de aplicaciones distintas, generando flujos de trabajo automatizados. Gracias a la IA y a la capacidad de procesar datos en diferentes formatos, puedes, por ejemplo, recopilar información de un formulario, analizar los datos, enviarlos a un CRM y programar un correo de respuesta, todo sin intervención humana. Incluso puedes combinar estas plataformas con sistemas de machine learning que clasifiquen los leads según su nivel de interés o con chatbots que resuelvan dudas de forma inmediata. Al final, tu negocio fluye con mayor rapidez, minimizando errores y mejorando la experiencia de los clientes. Todo con una suscripción mensual bastante accesible si consideras el tiempo y los recursos que se ahorran.

Las soluciones de inteligencia artificial no se detienen en la generación de contenido o en la automatización de tareas de oficina. Muchas empresas ofrecen servicios de análisis de datos accesibles para quienes no disponen de un equipo especializado. Plataformas como BigML o DataRobot permiten que subas tus bases de datos y obtengas modelos predictivos que te ayuden a tomar decisiones informadas. Por ejemplo, podrías predecir qué segmento de tus clientes tiene más probabilidad de cancelar una suscripción o cuáles son los factores que determinan que un visitante de tu tienda online finalice la compra. Estas herramientas aprovechan algoritmos de aprendizaje automático sin que tú debas programar desde cero, ya que ofrecen interfaces intuitivas donde configuras variables y objetivos, dejando que el sistema se encargue del entrenamiento y la validación de los modelos. Este tipo de análisis, que antes parecía exclusivo de grandes corporaciones, ahora está al alcance de emprendedores pequeños o medianos, con costes adaptados a cada nivel de uso.

En el campo de la atención al cliente, destacan los chatbots basados en IA. Además de ChatGPT, ya mencionado, hay otros proveedores especializados en entornos de mensajería corporativa, como ManyChat o Drift, que combinan flujos preestablecidos con la capacidad de entender lenguaje natural. Cuando un cliente escribe en la ventana de soporte, el chatbot interpreta sus dudas y propone respuestas relevantes, solucionando el problema sin necesidad de pasar por un operador humano. En caso de que la consulta sea compleja, el sistema deriva la conversación a un agente especializado, pero para preguntas frecuentes o trámites sencillos, la IA actúa con eficacia. Esto no solo optimiza el uso del recurso humano, sino que mejora la experiencia de usuario, pues la asistencia se encuentra disponible las 24 horas. Para las empresas, supone un ahorro de costes en personal y una mayor satisfacción del cliente, lo que a menudo se traduce en ventas recurrentes y recomendaciones positivas.

La inteligencia artificial aplicada a la gestión de redes sociales ha tomado un impulso notable. Existen herramientas como Hootsuite, SocialBee o Metricool que, si bien empezaron como planificadores de contenido, han ido incorporando algoritmos para recomendar el mejor horario de publicación, analizar la respuesta de la audiencia y hasta sugerir temáticas en tendencia. Al integrar funcionalidades de IA, estas plataformas pueden detectar patrones de interacción, identificar el contenido que genera más engagement y ayudarte a replicar el formato o las palabras clave que funcionan. Algunos incluso disponen de módulos para crear breves informes automáticos y enviártelos al correo, informándote de cuántos seguidores nuevos tienes, en qué publicaciones vale la pena invertir un pequeño presupuesto de promoción y cuáles hashtags están ganando relevancia. Con esta base, tu estrategia en redes sociales deja de basarse en la intuición y se vuelve cada vez más científica, sin perder el toque de creatividad que aporta la parte humana.

La generación y edición de video con IA representa otro frente de enorme interés. Softwares como Descript o Runway utilizan algoritmos para transcribir audio, recortar pausas o ruidos y, en algunos casos, reemplazar o reacomodar segmentos de video con cierta autonomía. También aparecen herramientas que permiten, con un simple boceto, crear animaciones e infografías que antes hubieran requerido horas de edición. Este salto es fundamental para quienes manejan canales de YouTube, redes sociales o plataformas de enseñanza online, porque ahorra muchísimo tiempo en la postproducción. Y si agregamos la posibilidad de automatizar subtítulos o traducir el contenido a varios idiomas, la expansión internacional de un negocio deja de ser tan costosa. Aunque algunas de estas funciones avanzadas exigen licencias de pago, muchas aplicaciones ofrecen planes con opciones gratuitas para emprendimientos más modestos. Se trata, en definitiva, de un campo en constante evolución, donde la IA facilita tareas que solían verse como complejas o inaccesibles sin un equipo de edición profesional.

En la esfera de la programación y el desarrollo web, están surgiendo asistentes que aprovechan la IA para sugerir fragmentos de código e, incluso, detectar errores al instante. Algunos IDE (entornos de desarrollo integrado) ya integran esta tecnología, facilitando que un programador novato aprenda con mayor rapidez y que uno experimentado aumente su productividad. La clave es que la IA, al analizar bibliotecas de código y prácticas recomendadas, puede intuir qué pretende el desarrollador, completando funciones o detectando posibles vulnerabilidades. El ahorro de tiempo es considerable, sobre todo en proyectos grandes donde el orden y la legibilidad del código son vitales. De este modo, emprendedores que deciden lanzar su propia app o sitio web pueden avanzar más rápido, incluso sin ser expertos en programación, siempre y cuando sepan describir lo que necesitan e integrar las sugerencias de la IA en su flujo de trabajo.

Para quienes se dedican al comercio electrónico, no faltan herramientas orientadas a la predicción de tendencias, la gestión de inventarios y la optimización de precios. Algunas plataformas, como Prisync, monitorean el costo de productos similares en tiendas de la competencia y sugieren modificaciones en los precios para mantener la competitividad. Otras, como InventoryLab, analizan el ritmo de ventas, la estacionalidad y la ubicación de los clientes para determinar cuánta mercancía se debe reponer y en qué momento hacerlo. Al combinar IA y estadísticas, se evitan roturas de stock y se reduce el capital inmovilizado en inventarios excesivos. Tal racionalización de la logística permite reinvertir más rápido en publicidad, expansión de catálogos o mejoras en el servicio al cliente. El e-commerce deja de ser un tema de prueba y error para transformarse en un sistema basado en datos, mejorando de manera continua según crece la experiencia acumulada.

En el terreno del email marketing, varias plataformas ya incorporan análisis de sentimiento y segmentación inteligente. Cuando se combinan con sistemas de IA capaces de generar líneas de asunto y copys que potencian la apertura, el resultado es un notable aumento de la tasa de conversión. También se aprovechan funciones avanzadas de testing automatizado, donde el algoritmo manda distintas versiones de un email a un porcentaje reducido de la lista y, en función de la respuesta, determina cuál variante es más efectiva para el grueso de los suscriptores. Esto, que antes implicaba horas de seguimiento y de configuración manual, ahora ocurre en segundo plano, mientras tú te ocupas de otras áreas del negocio. La IA se encarga de afinar los detalles, guiándose exclusivamente por los datos que obtiene en tiempo real.

Algunas herramientas van un paso más allá en lo que se conoce como personalización dinámica, una técnica en la que el contenido que ve cada usuario se ajusta según su historial de navegación, su ubicación o sus interacciones anteriores con la marca. Esto puede aplicarse no solo en correos, sino en landing pages y tiendas virtuales, mostrando ofertas o recomendaciones distintas para cada visitante. Plataformas como Dynamic Yield o Insider recopilan información de cada sesión de usuario y, en cuestión de milésimas de segundo, deciden qué producto, mensaje o llamada a la acción desplegar. Con estos sistemas, un e-commerce pequeño puede actuar con la sofisticación de un gigante, elevando el promedio de compra y la satisfacción del cliente.

La clave para que todas estas herramientas y plataformas resulten realmente útiles está en conocer tu necesidad específica. No se trata de abarrotarse de suscripciones y software que luego no se integren en tu flujo de trabajo. El éxito radica en identificar el cuello de botella o la tarea repetitiva que absorbe tu tiempo y tu dinero, y ver si existe una solución de IA que la resuelva de forma eficiente. Cuando encuentres la plataforma adecuada, la implementación generalmente es sencilla, pues muchas de estas herramientas están diseñadas para un usuario final que no tiene una formación técnica profunda. Aun así, resulta aconsejable tomarse el tiempo para entender la lógica básica de la herramienta, revisar sus tutoriales y, si es posible, conversar con otros usuarios para aprovechar al máximo sus funciones.

Es normal que, al inicio, sientas cierto escepticismo o desconfianza. La adopción de la IA conlleva un cambio de mentalidad. Acostumbrarse a que un programa te proponga textos, te diseñe ilustraciones o te sugiera decisiones basadas en algoritmos puede resultar inusual. Lo ideal es comenzar con pequeños proyectos piloto, medir los resultados y, en función de la experiencia, ampliar el uso de la herramienta. Muchos emprendedores han observado cómo, en cuestión de semanas, logran reducir el tiempo de producción de contenidos, mejorar la atención al cliente y, finalmente, liberar espacio para dedicarlo a la estrategia y la innovación. Esa es la gran promesa de la IA en el ámbito empresarial: automatizar lo tedioso y potenciar lo creativo.

También vale la pena señalar que la mayoría de estas plataformas incluyen planes y opciones asequibles que se adaptan a distintos tamaños de negocio. No necesitas un gran capital inicial para beneficiarte de la inteligencia artificial. Las suscripciones mensuales, los modelos freemium o incluso las versiones de prueba permiten que explores sin arriesgar demasiado. Este escenario de acceso democratizado es lo que marca la gran diferencia con épocas anteriores, cuando la IA sonaba a futurismo inalcanzable. Hoy, basta con un par de clics para integrar un chatbot en tu web o utilizar un generador de imágenes que te ayude con la próxima campaña publicitaria. Lo que antes podía suponer contratar a un desarrollador especializado durante meses, ahora se resuelve con plataformas amigables al usuario que, en su mayoría, ofrecen soporte y capacitaciones.

Otro aspecto relevante es la posibilidad de combinar varias de estas herramientas para formar un ecosistema completo que cubra todas las etapas de tu negocio. Imagínate iniciar con un asistente de generación de contenido para tu blog, automatizar la publicación en redes sociales mediante una plataforma de gestión y, al mismo tiempo, usar un chatbot con IA en tu página de ventas para guiar a los visitantes. Si un prospecto deja sus datos de contacto, se dispara un flujo automatizado de correo electrónico con contenido personalizado, mientras una herramienta de análisis de datos va recolectando la información y, si detecta que el usuario interactúa mucho, te envía una alerta para que lo contactes personalmente. Todo sin que tengas que estar pendiente de cada detalle. Con este grado de integración, tu negocio funciona como una maquinaria bien aceitada, sirviéndote a ti en lugar de ser tú quien sacrifica tiempo valioso en tareas repetitivas.

Para lograr esa armonía, hay que tener claro el objetivo que buscas con la IA. ¿Quieres atender mejor a tus clientes? ¿Aumentar conversiones? ¿Reducir el tiempo que dedicas a la producción de contenidos o a la edición de videos? Partiendo de esa reflexión, eliges las herramientas más apropiadas. Es preferible comenzar con una o dos que cubran un problema específico y, conforme veas resultados, ir sumando otras o escalando los planes. Si te adentras en la IA sin un plan de acción definido, corres el riesgo de instalar plugins o servicios que terminen sin usarse o que no se combinen bien entre sí. La clave es la coherencia y la búsqueda de resultados medibles, pues la gracia de la IA es precisamente que todo se puede cuantificar y mejorar.

A medida que vayas dominando estas plataformas, descubrirás nuevas funciones o trucos que te permitirán elevar la productividad a niveles que antes no imaginabas. Quizá te des cuenta de que es posible lanzar más campañas publicitarias en paralelo, mantener conversaciones con más clientes a la vez o producir mayor variedad de contenidos sin aumentar tus costos. Todo ese tiempo y recursos liberados te dan la oportunidad de explorar nuevos productos, forjar alianzas estratégicas o incluso lanzar una segunda o tercera línea de negocio. En pocas palabras, la IA deja de ser una curiosidad y se convierte en el factor que impulsa la escalabilidad de tu emprendimiento, siempre y cuando aprendas a sacarle el máximo provecho y a mantener la supervisión humana donde más importa.

El futuro inmediato apunta a que cada vez más servicios se basarán en algoritmos, y es probable que veamos surgir nuevas herramientas que hoy ni siquiera imaginamos. Lo fundamental es que, como emprendedor o profesional, desarrolles esa mentalidad curiosa y abierta que te permita estar al tanto de las novedades y, sobre todo, dispuestas a probarlas. Aunque cada plataforma tenga sus matices, la mayoría comparte el mismo espíritu: mejorar procesos, simplificar tareas y aprovechar la potencia de la IA para ofrecer soluciones más inteligentes. Si abrazas esta filosofía y la aplicas en cada rincón de tu negocio, descubrirás que no necesitas grandes equipos para lograr grandes cosas. La combinación entre tu visión y la eficiencia de estas herramientas es lo que realmente marcan la diferencia.

Por eso, este capítulo no pretende convertirse en una lista exhaustiva que agote todas las opciones disponibles. Más bien, busca inspirarte a explorar las posibilidades de la IA en tu día a día. Desde redactores basados en ChatGPT que agilicen tus publicaciones, pasando por Midjourney para sorprender con imágenes generadas al instante, hasta plataformas de automatización que se comuniquen con todo tu ecosistema digital. La oferta es variada y crece sin freno, así que lo mejor es que mantengas la antena alerta para identificar las herramientas que se ajusten a tus necesidades. A fin de cuentas, la inteligencia artificial no es un fin en sí mismo, sino un recurso poderoso que, bien dirigido, puede hacerte ahorrar dinero, tiempo y estrés, permitiéndote enfocarte en las partes más valiosas y humanas de tu proyecto. Con esta perspectiva en mente, estás listo para dar el siguiente paso y, en los capítulos que vienen, descubrir cómo integrar estas soluciones de IA dentro de estrategias concretas de generación de ingresos y expansión de tu emprendimiento digital.

CAPÍTULO 3: 7 ESTRATEGIAS PARA GENERAR INGRESOS

La inteligencia artificial se ha convertido en un motor de oportunidades que va mucho más allá de la optimización de procesos o la mejora de la experiencia de los usuarios; en realidad, abre un panorama inmenso para la generación de ingresos de manera creativa, rentable y escalable. En este capítulo, exploraremos siete estrategias fundamentales que pueden aplicarse en cualquier ámbito digital para convertir las capacidades de la IA en fuentes concretas de ganancias. A lo largo de estas páginas, verás cómo la inteligencia artificial puede ayudarte a crear y vender contenidos más rápido, a estructurar cursos y consultorías que impacten a una audiencia global, a montar tiendas en línea capaces de anticipar la demanda y brindar atención personalizada, a potenciar programas de afiliados, a lanzar agencias de marketing automatizadas, a forjar una carrera freelance especializada y, finalmente, a desarrollar aplicaciones originales que integren IA de manera disruptiva. Todo esto se traduce en un menú variado de posibilidades que, en la práctica, puede cambiar tu modo de trabajar y tu vida financiera, sobre todo si te atreves a dar el paso y poner en marcha alguna de estas ideas con la perseverancia necesaria.

Para entender por qué estas estrategias tienen tanto potencial, conviene recordar que la IA está modificando las reglas de casi cualquier modelo de negocio. Lejos de ser una tecnología lejana, reservada a grandes corporaciones, hoy existen soluciones y herramientas accesibles que prácticamente cualquiera puede emplear, ya sea para agilizar la producción de contenidos, automatizar la atención al cliente o procesar datos complejos y tomar decisiones informadas. Con las siete estrategias que verás aquí, no solo queremos inspirarte, sino brindarte un camino claro para aprovechar lo que ofrece la inteligencia artificial y llevar tus proyectos a un nuevo nivel de rentabilidad y alcance. Cada propuesta se conecta con la realidad que estamos viviendo: usuarios cada vez más demandantes y competidores cada vez más innovadores, por lo que la IA se convierte en el factor que puede diferenciarte y catapultarte en un entorno tan competido.

La primera estrategia se basa en la creación y venta de contenido con ayuda de IA. En el mundo digital, el contenido sigue siendo uno de los activos más preciados. Artículos, videos, infografías, pódcasts, guías descargables: la gente consume información a un ritmo frenético, y hay una sed permanente de novedades. Sin embargo, producir contenidos de calidad toma tiempo y requiere una dosis de inspiración que no siempre está ahí cuando más la necesitas. Es precisamente en este punto donde la IA entra en juego para echarte una mano. Herramientas como ChatGPT y generadores de texto similares permiten esbozar ideas, redactar primeros borradores y hasta sugerir estructuras para tus posts o guiones de video. No se trata de delegar por completo el proceso creativo, sino de utilizar la IA como una aliada que desbloquea tu imaginación y te ofrece múltiples ángulos que tal vez no habrías considerado.

Cuando logras sistematizar la producción de contenidos con la ayuda de la inteligencia artificial, liberas grandes cantidades de tiempo. Por ejemplo, puedes emplear estas herramientas para generar artículos informativos sobre un tema de nicho, y después revisar, corregir y enriquecer ese contenido con tu toque personal. El resultado es un texto final que conserva tu voz y tu estilo, pero en una fracción del tiempo que normalmente invertirías. ¿Qué hacer con todo ese contenido? Una opción es venderlo directamente: un pack de artículos especializados, un eBook informativo, un manual práctico al que le sumes gráficos y ejemplos. Otra posibilidad es usarlo para alimentar un blog y monetizarlo con publicidad o programas de afiliados. Incluso puedes crear membresías en las que, mes a mes, ofrezcas guías o tutoriales exclusivos que van mejorando gracias al feedback de la audiencia. La inteligencia artificial no limita tu creatividad, sino que la potencia. Al delegar las tareas más pesadas y repetitivas, puedes concentrarte en la propuesta de valor, en la narrativa, en la presentación final que verdaderamente da identidad a tu marca. Lo trascendental es ver a la IA como una palanca que te facilita la producción y te abre el camino para generar ingresos con la venta de ese contenido.

La segunda estrategia gira en torno al desarrollo de cursos y consultorías en línea. Nunca antes había sido tan sencillo para alguien con conocimientos en un área específica enseñar a otros y monetizar esa formación. Y si a esto le sumamos la IA, todo toma un cariz aún más interesante. Con herramientas de generación de texto o asistentes virtuales, puedes estructurar el temario de tu curso, redactar los apuntes principales y crear materiales didácticos de forma ágil. Imagina, por ejemplo, un curso de marketing digital: la IA podría ayudarte a elaborar un dosier introductorio que abarque las tendencias actuales, el desglose de plataformas y estrategias, e incluso ejemplos concretos que llamen la atención de tus estudiantes. Luego, tú te encargas de acomodar esos contenidos, agregar casos de estudio personales y darle forma al método que enseñes. El resultado es una propuesta formativa sólida y coherente, pero que no te obligó a pasar semanas en el proceso de documentación previa.

Además, la IA permite personalizar la experiencia educativa. Puedes integrar chatbots entrenados con las preguntas frecuentes de tus alumnos, de modo que estos reciban respuestas inmediatas mientras estudian tus lecciones. Esto evita la saturación de tu bandeja de entrada y ayuda a resolver dudas al instante, generando una sensación de acompañamiento continuo. Si a eso sumas la posibilidad de emitir exámenes o cuestionarios automatizados que usen algoritmos de machine learning para evaluar el rendimiento y brindar retroalimentación específica, tu curso alcanza un nivel muy superior de calidad percibida. Y lo mismo aplica si ofreces consultorías de negocios, desarrollo personal o cualquier otro tema. Con IA puedes procesar información de tus clientes, identificar patrones, detectar debilidades y presentarles diagnósticos fundamentados que eleven el valor de tus sesiones, atrayendo así a más personas dispuestas a pagar por tus conocimientos especializados.

La tercera estrategia se centra en el e-commerce inteligente, en especial con bots de atención y predicción de stock. Montar una tienda virtual ya no es una novedad, pero sí lo es integrarla con sistemas de IA que te permitan destacar. Un e-commerce inteligente puede contar con un chatbot que atienda a los usuarios en tiempo real, respondiendo consultas sobre tallas, colores, disponibilidad y, por supuesto, recomendando otros productos que complementen la compra. Estos bots aprenden conforme más usuarios interactúan con ellos, lo que significa que cada semana se vuelven más hábiles en la detección de lo que la gente busca. Para el cliente, la experiencia es fluida, no siente que está navegando en un sitio estático, sino que percibe un intercambio dinámico, casi como si estuviera hablando con un empleado humano. Para ti, esto significa más posibilidad de cerrar ventas, incluso a altas horas de la noche, cuando normalmente no habría nadie para atender el chat.

La predicción de stock es otra joya que la IA puede pulir. Al recopilar datos históricos de ventas y cruzarlos con factores de temporada, promociones pasadas, tendencias en redes y más variables, el sistema es capaz de sugerirte cuánta mercancía deberías adquirir y cuándo. Así evitas quedarte sin existencias de tu producto estrella en plena campaña navideña, o sobrecargar tus almacenes con productos que tienen menor salida. Ese control de inventario inteligente, sumado a un sistema de alertas automáticas, marca la diferencia en un mercado donde los clientes están acostumbrados a la inmediatez. Si tu tienda se queda sin un artículo muy demandado, la frustración de los compradores termina afectando tu reputación. Pero con una IA bien configurada, las probabilidades de que eso ocurra se reducen enormemente. Un e-commerce inteligente no se limita a mostrar un catálogo, sino que aprende del comportamiento de los usuarios, segmenta la información y ajusta su oferta en tiempo real, haciendo que cada visitante sienta que la experiencia está hecha a su medida.

La cuarta estrategia, igualmente potente, es la de los programas de afiliados apalancados en IA. El marketing de afiliados consiste, en esencia, en promover productos o servicios de otros y ganar una comisión por cada venta o acción que generes con tus enlaces. Esta táctica, popular desde hace años, adquiere un matiz muy interesante cuando le sumas la inteligencia artificial. ¿Por qué? Porque la IA te permite identificar nichos de mercado, analizar tendencias y optimizar las campañas de forma dinámica, ajustando pujas publicitarias, segmentaciones y creatividades en cuestión de segundos. Piensa en un escenario donde promocionas un software de diseño y, con la ayuda de un algoritmo, puedes detectar qué subgrupos de usuarios (por edad, zona geográfica, intereses) responden mejor a tus anuncios, y así reasignar el presupuesto de manera continua para que cada dólar invertido rinda al máximo.

Además, el uso de chatbots en tus páginas de aterrizaje o en tus redes sociales puede resolver dudas al instante, animando a los visitantes a completar la compra. En lugar de tener formularios de contacto a los que quizás nunca respondan, la IA interviene y convierte esa curiosidad inicial en una conversión concreta. Si una persona vacila en comprar, el propio bot podría ofrecerle un cupón de descuento o mostrarle casos de éxito relevantes. Esta intervención personalizada incrementa las ventas, y esa mayor conversión se traduce en mayores comisiones de afiliado. Así que, lejos de ser un simple enlace que publicas en tu blog o en tus redes, el marketing de afiliados se convierte en un ecosistema inteligente, donde cada interacción está monitoreada y optimizada por la IA. Esto permite escalar tus ganancias y, en algunos casos, hasta vivir exclusivamente de la promoción de productos ajenos, sin necesidad de fabricar ni manejar inventarios propios.

La quinta estrategia es la creación de agencias de marketing automatizadas, un paso natural para quienes deseen escalar y no quedarse solo en el plano individual. En vez de gestionar tus propias campañas o programas de afiliados, puedes montar toda una agencia que ofrezca servicios de marketing a terceros, sean pequeñas empresas, emprendedores o incluso negocios más grandes que no cuentan con un departamento interno especializado. La diferencia clave radica en que esta agencia se apoya, desde el primer día, en sistemas de IA capaces de generar copys, analizar audiencias, optimizar anuncios y automatizar reportes. Con un equipo humano reducido —compuesto por personas con fuerte visión estratégica— y una configuración inteligente de software, puedes atender varios proyectos de manera simultánea, brindando resultados rápidos y eficientes.

Las agencias de marketing automatizadas tienen un atractivo especial en el mercado actual, porque los clientes buscan inmediatez y resultados medibles. Cuando les presentas informes basados en datos objetivos, con gráficos que muestran el impacto de cada campaña, la inversión y la rentabilidad, la confianza crece. Y si a eso le sumas chatbots corporativos que mejoran la atención al cliente, o secuencias de email marketing personalizadas con IA, estarás vendiendo un paquete muy completo. El diferencial es que no necesitas contratar a decenas de personas para producir contenido o estar pendiente de cada detalle: la IA hace la mayor parte del trabajo repetitivo, y tu equipo se enfoca en la relación con el cliente y en la creatividad. De este modo, tu agencia puede crecer y abarcar proyectos más ambiciosos, sin que los costos de operación se disparen de forma insostenible.

La sexta estrategia, perfecta para quienes prefieren una modalidad de autoempleo, es el freelancing especializado en prompts y soluciones con IA. Quizás no quieras crear tu propia agencia ni vender un producto específico, sino simplemente ofrecer tu experiencia a otras personas o empresas que estén necesitadas de asesoría. Aquí la clave está en entender que, aunque la inteligencia artificial se ha popularizado, no todos saben usarla de manera óptima. Dominar la redacción de prompts efectivos para ChatGPT u otros modelos de lenguaje es una habilidad que puede parecer sencilla, pero en la práctica marca la diferencia entre obtener resultados mediocres y respuestas altamente relevantes.

Lo mismo sucede con la integración de herramientas de IA en flujos de trabajo específicos: automatización de correos, análisis de datos, segmentación de audiencias, diseño de chatbots. Hay empresas que están ansiosas por implementar estas soluciones, pero no cuentan con el conocimiento interno para hacerlo. Ahí entras tú, ofreciéndote como freelance para armar la arquitectura de prompts, ajustar modelos, crear tutoriales de uso y capacitar al personal sobre buenas prácticas. Es un campo tan nuevo que las oportunidades se multiplican a diario, sobre todo si te mantienes al día con las actualizaciones y entiendes cómo combinar distintas plataformas. Tu remuneración puede fijarse por horas, por proyecto o incluso bajo contratos de asesoría continua. Mientras más resultados positivos muestres en tu portafolio, mayor será la demanda de tus servicios, permitiéndote subir tus tarifas y consolidar tu reputación.

Finalmente, la séptima estrategia nos conduce a las aplicaciones nuevas que integren ChatGPT u otras IA. Este es el plano más ambicioso, que requiere un enfoque emprendedor o de desarrollo más avanzado, pues implica la creación de productos digitales capaces de resolver problemas concretos del mercado. Cada día, surgen apps o plataformas SaaS (Software as a Service) que, de forma inteligente, aprovechan el poder de la IA para procesar grandes volúmenes de datos, reconocer patrones o generar contenido único. Podríamos hablar, por ejemplo, de una aplicación que brinde asesoría legal básica, analizando los documentos que suba el usuario y ofreciendo recomendaciones iniciales para la resolución de conflictos. O de un asistente médico que, con la cautela debida, apoye a profesionales sanitarios a revisar historiales clínicos y sugerir diagnósticos preliminares.

El proceso de creación de una app con IA se ha simplificado en la medida en que empresas como OpenAI o Google ofrecen APIs y librerías que puedes incorporar sin necesidad de desarrollar todo el modelo desde cero. Eso sí, hace falta un plan de negocio claro y, preferiblemente, la colaboración de un equipo que sepa programar, diseñar la experiencia de usuario y gestionar bases de datos de forma segura. Pero, si encuentras un nicho no cubierto o cubierto de manera insuficiente, la IA puede darte la ventaja competitiva que necesitas para destacar. En ese caso, tu fuente de ingresos puede proceder de suscripciones, licencias, publicidad o acuerdos con terceros interesados en tu tecnología. El mercado es amplio, y la demanda de soluciones inteligentes sigue creciendo.

En conjunto, estas siete estrategias conforman un espectro muy amplio de posibilidades para quien quiera monetizar con la inteligencia artificial. No todas requieren el mismo nivel de conocimiento técnico ni el mismo tipo de inversión. Por ejemplo, la creación de contenidos con IA o el freelancing especializado son caminos ideales para quienes quieren empezar rápido y sin demasiados recursos, mientras que una agencia automatizada o el desarrollo de aplicaciones puede suponer un reto más grande, pero igualmente con un potencial de ingresos mucho mayor. El punto es que, independientemente del nivel en que te encuentres, la IA ofrece mecanismos para acelerar el crecimiento, automatizar la parte más tediosa y abrirte puertas en un mercado cada vez más competido.

A la hora de elegir por dónde comenzar, conviene partir de tus fortalezas y pasiones. ¿Te gusta el mundo de la educación y la capacitación? Tal vez la segunda estrategia sea la mejor para ti: crea tus cursos, ofrécelos en plataformas como Udemy o en tu propia web, y utiliza la IA para destacarte con material de calidad y soporte inmediato a tus alumnos. ¿Tienes una vena emprendedora y te encanta experimentar con múltiples productos? El cuarto punto, relativo a los programas de afiliados apalancados con IA, podría ser tu trampolín. Si, en cambio, ya tienes habilidades de marketing y deseas escalar, la quinta vía, la de las agencias automatizadas, te permitirá manejar varios clientes simultáneamente sin abrumarte. Y si tu perfil es más bien de desarrollador o buscas alianzas con programadores, la séptima estrategia puede llevarte a crear una startup basada en IA con perspectivas de crecimiento exponencial.

Lo esencial es no perder de vista que la inteligencia artificial es una tecnología que aprende y mejora en la medida en que la alimentas de datos y la supervisas de forma adecuada. No es un sustituto total de la mente humana, ni un botón mágico para hacerse rico de la noche a la mañana. Sin embargo, quienes han implementado la IA en sus negocios confirman que la velocidad y la precisión que ofrece marcan un antes y un después. Las horas que antes invertían en investigación, redacción o atención al cliente pueden canalizarlas ahora hacia tareas más creativas o estratégicas, multiplicando los resultados de su emprendimiento. La IA resuelve lo metódico y repetitivo, permitiéndote a ti centrarte en lo que de verdad aporta valor: la relación con tu audiencia, la diferenciación de tu marca y la visión de futuro.

Por supuesto, no todo es color de rosa. El manejo ético de los datos y la transparencia de los algoritmos son temas que cobran relevancia, especialmente cuando tu estrategia involucra la recopilación de información sensible o la toma de decisiones automatizadas que afectan a los usuarios. Es esencial que cualquier emprendedor o profesional que adopte la IA lo haga con responsabilidad, integrando medidas de seguridad y respetando la privacidad de las personas. Un descuido en este aspecto puede echar por tierra el prestigio que hayas construido. Además, conviene mantenerse al día, pues la IA avanza a pasos agigantados y lo que hoy parece puntero puede volverse estándar en unos meses, o incluso obsoleto si surgen nuevos enfoques.

De cualquier modo, las siete estrategias que hemos delineado en este capítulo se basan en métodos y aplicaciones ya consolidados. Aunque la IA evolucione, la esencia de ganar dinero creando contenidos, impartiendo cursos, vendiendo en línea, promocionando productos como afiliado, prestando servicios de marketing, freelanceando en prompts o lanzando apps inteligentes seguirá vigente, solo que cada vez con más herramientas a tu alcance. Lo ideal es que evalúes cuál de estas vías se alinea mejor con tu perfil y con los recursos de los que dispones en este momento. Una vez que decidas un rumbo, lo importante es lanzarte a la acción, con la mentalidad de que los ajustes y correcciones forman parte del camino. Ensayo y error, pruebas de mercado, retroalimentación de tus primeros clientes o usuarios: todo esto te llevará a afinar la implementación de la IA y a descubrir cuál es el ángulo de monetización más rentable para ti.

Piensa también en la posibilidad de combinar varias de estas estrategias, o de ir escalando de una a otra. Por ejemplo, puedes iniciar con la creación de contenidos y, una vez que tengas un flujo de ingresos estable y adquieras experiencia en el uso de herramientas de IA, diversificar hacia un programa de afiliados o la consultoría en línea. O tal vez descubras que tu contenido es tan bien recibido que te animarás a montar una tienda virtual de productos relacionados con tu temática, implementando chatbots y recomendadores inteligentes para mejorar la experiencia de compra. Conforme más te involucres en la IA, más ideas surgirán y, poco a poco, podrás tejer un ecosistema digital sólido donde diferentes líneas de negocio converjan y se retroalimenten.

Estas siete estrategias no son una lista cerrada: son un punto de partida para que explores la intersección entre tus habilidades y las posibilidades de la inteligencia artificial. Lo realmente revolucionario de la IA es que democratiza la innovación: ya no se requieren grandes presupuestos ni equipos gigantes para desarrollar soluciones que, hace una década, habrían estado reservadas a corporaciones con laboratorios de investigación. Hoy, un emprendedor solitario o una pequeña agencia pueden competir y ganar si saben aplicar la IA con inteligencia y creatividad. Esa es la esencia de esta nueva era: un cambio de paradigma en el que las barreras de entrada se derrumban, permitiendo que el talento y la visión sean los que marquen la diferencia.

A medida que avances en los siguientes capítulos y profundices en temas de implementación práctica, técnicas de gestión y escalabilidad, verás cómo cada una de estas siete ideas se complementa con herramientas concretas de IA y con metodologías que facilitan la organización y el crecimiento. Lo único que no puede darte la IA es la determinación, la persistencia y la pasión por tu proyecto: esos ingredientes siguen siendo inequívocamente humanos y son los que terminan marcando la frontera entre el éxito y el fracaso. Si mantienes viva esa llama emprendedora y la combinas con el poder de la inteligencia artificial, tendrás en tus manos una fórmula inmejorable para generar ingresos y, con un poco de ingenio, incluso transformar la vida de las personas que se beneficien de tus productos o servicios.

En conclusión, este capítulo te muestra un panorama integral de cómo la IA puede convertirse en un factor determinante para generar ingresos, sea cual sea tu perfil o sector de interés. Desde la creación de contenidos hasta el desarrollo de apps inteligentes, pasando por la formación online, el e-commerce, el marketing de afiliados, las agencias automatizadas y el freelancing especializado, hay una estrategia adecuada para cada situación. No tienes que dominarlas todas de un solo golpe: elige una, da tus primeros pasos, experimenta y deja que la propia IA te enseñe con qué nichos o formatos te llevas mejor. Lo vital es entender que estamos ante una oportunidad histórica: la inteligencia artificial se erige como el gran habilitador tecnológico de nuestro tiempo, y quien aprenda a usarla con criterio y creatividad puede posicionarse en un mercado global, diversificar sus fuentes de ingreso y, por qué no, forjar un futuro en el que la tecnología y la humanidad avancen de la mano hacia nuevas cotas de prosperidad.

CAPÍTULO 4: MONTANDO TU PRIMER IMPERIO DIGITAL

Montar un "imperio" digital suena a todo un desafío, pero en realidad es el resultado natural de un conjunto de pasos que combinan la estrategia, la organización y, por supuesto, el poder de la inteligencia artificial para multiplicar tu productividad. Si en los capítulos previos hemos visto cómo la IA puede ayudarte a generar ingresos a través de diferentes modelos de negocio, ahora llega el momento de poner todas esas piezas en orden y sentar las bases de lo que podría convertirse en tu gran proyecto online. La idea no es que abras una decena de frentes al mismo tiempo, ni que te sientas abrumado con términos o herramientas. Más bien, se trata de adoptar un enfoque claro y metódico, apoyándote en recursos que te faciliten la ejecución y te permitan escalar sin caer en la saturación. Con este capítulo, la intención es que cuentes con un mapa de ruta para iniciar tu camino digital de manera firme y, a la vez, flexible, adaptada a lo que las circunstancias vayan pidiendo.

El primer paso para construir tu imperio digital es clarificar tu visión. Sin una imagen mental de lo que quieres lograr, corres el riesgo de dispersarte o de dar rodeos. No se trata de escribir un plan de negocios inacabable, sino de responder, con total honestidad, preguntas como: "¿En qué nicho deseo centrarme?", "¿Cuáles de mis habilidades o pasiones pueden aportar valor en el mercado online?", "¿Qué tipo de vida quiero tener en lo personal y profesional dentro de unos años?". Cuanto más específicas y auténticas sean tus respuestas, más sencillo será diseñar la estrategia. Y en esta fase, la IA también puede ser de gran ayuda. Por ejemplo, si tienes varias ideas, puedes consultar a un modelo de lenguaje para que te muestre pros y contras de cada una, te sugiera tendencias y te ayude a estructurar ventajas competitivas. Obviamente, tú serás quien tome la decisión final, pero contar con un sparring virtual puede brindarte una perspectiva que no habías contemplado.

Una vez que tienes esa claridad, el siguiente paso es definir la estructura de tu proyecto digital. Quizá, como punto de partida, planees abrir una tienda online especializada en artículos de fitness y complementarla con contenidos informativos y un programa de afiliados que promueva productos relacionados. O puede que elijas lanzar un servicio de consultoría sobre marketing digital para pymes y, paralelamente, desarrollar un canal de YouTube o un pódcast que te dé visibilidad y te permita construir una comunidad que confíe en ti. La clave está en organizar tus ideas y metas de manera que se refuercen mutuamente, en lugar de competir por tu atención. Recuerda que no todos los modelos se ajustan a todas las personas; es mejor hacer un plan que te entusiasme y se adecue a tus fortalezas, antes que dividirte en múltiples direcciones sin explotar de verdad ninguna.

Ya con el plan bien delineado, llega el momento de seleccionar y configurar las herramientas de gestión que te ahorrarán tiempo y dolores de cabeza. La variedad actual es enorme, pero hay algunas esenciales que suelen ser las favoritas de los emprendedores digitales. Las plataformas de gestión de proyectos, como Trello, Asana o Monday, te permiten repartir tareas, establecer plazos y coordinar a tu equipo, aunque ese equipo seas solo tú, al principio. De esta forma, en lugar de tener cientos de notas dispersas o recordatorios mentales, contarás con un tablero visual en el que anotar todo lo que toca hacer. Puedes clasificar tus tareas por prioridades, etapas o responsables, y ver, de un vistazo, cómo va progresando cada línea de negocio.

Si tu proyecto involucra la creación de contenido o de cursos, conviene organizar la producción con un calendario editorial que detalle qué se va a publicar, cuándo y en qué plataforma. Este simple recurso, combinado con un planificador (y, por supuesto, con la IA para agilizar la redacción y la generación de ideas), te evitará la tentación de improvisar. En el marketing digital, la consistencia es un valor que se traduce en confianza: un canal o blog que publica con regularidad va construyendo una audiencia fiel. Además, mantener una frecuencia clara te motiva a ti mismo a crear y a no posponer las cosas. La IA te echa una mano para desatascarte cuando surjan dudas o para reformular un texto que no te convence. Así, multiplicas tu capacidad creativa sin perder el control sobre la calidad final.

Si hablamos de tiendas online o negocios basados en e-commerce, las herramientas de gestión cobran mayor relevancia. Aquí, plataformas como Shopify, WooCommerce (para quienes usan WordPress) o incluso marketplaces como Amazon pueden aligerar mucho la carga inicial, porque te ofrecen plantillas y sistemas de cobro ya probados. Lo interesante es que estas plataformas se integran con plugins o aplicaciones de IA que predicen la demanda, recomiendan precios y automatizan el envío de correos a tus clientes. Por ejemplo, podrías configurar notificaciones que se disparen cuando un cliente abandona el carrito, ofreciendo un descuento o recordándole que los productos que eligió todavía están disponibles. La IA se encarga de analizar el comportamiento de compra y sugerir el momento óptimo para lanzar ese recordatorio. Así, tu trabajo se reduce a configurar las reglas y supervisar los resultados, en lugar de revisar manualmente quién dejó la compra a medias.

En el área de gestión de relaciones con los clientes, un CRM (Customer Relationship Management) es fundamental para cualquier aspirante a "imperio" digital. Existen muchas opciones, desde las más sencillas y gratuitas hasta las más robustas y costosas, como HubSpot o Salesforce. Sea cual sea tu elección, la idea es contar con un sistema centralizado donde puedas anotar quién es tu cliente, qué le has ofrecido, qué ha comprado, qué feedback ha dado y cómo evoluciona su relación con tu marca. Cuando combinas un CRM con herramientas de IA, aparece un mundo de posibilidades: puedes programar un algoritmo que rastree tus interacciones por correo o redes sociales y sugiera, por ejemplo, qué cliente merece una atención prioritaria porque está listo para otra compra, o cuál necesita un incentivo adicional para no perder el interés.

Hablar de imperios digitales también implica dominar los trucos de productividad. En este terreno, no hay una fórmula universal, porque cada quien tiene un estilo de trabajo único. Sin embargo, hay ciertos principios generales que funcionan para la mayoría. Uno de ellos es el uso de la "regla de los sprints", que consiste en definir bloques de tiempo (de una a dos semanas) para enfocarte en objetivos muy concretos, sin distracciones. Esta táctica viene del mundo del desarrollo de software, pero se ha popularizado por su eficacia en la gestión de proyectos. En lugar de perseguir metas lejanas, te concentras en tareas puntuales que puedes completar en ese periodo, recibiendo retroalimentación rápida. Así sabrás, en cuestión de días, si vas por buen camino o si necesitas rectificar.

La IA puede impulsar aún más estos sprints, porque cada vez que inicias un bloque de trabajo, tienes a tu disposición un asistente virtual para proponer ideas, hacer resúmenes de investigación o incluso para delegar algunas tareas automatizables. De esta forma, tu trabajo creativo o estratégico se ve menos afectado por la carga de lo repetitivo. Eso sí, mantener la disciplina y no dejarse seducir por notificaciones constantes o interrupciones digitales es responsabilidad tuya. De nada sirve contar con superherramientas si dedicas la mitad del tiempo a distraerte en redes sociales o a abrir tu correo cada tres minutos. Para ello, algunas personas se valen de apps que bloquean sitios web durante ciertos intervalos, o mantienen su teléfono en modo silencio mientras dura el sprint. Son pequeños hábitos que, sumados, te permiten avanzar mucho más de lo que imaginas.

Otra recomendación para construir tu imperio es apoyarte en la externalización inteligente. A veces, con la IA, uno cae en la tentación de querer hacerlo todo uno mismo, bajo la premisa de que "ya la máquina me ayuda". Si bien es cierto que la inteligencia artificial te aligera muchísimo la carga, llega un punto donde, si quieres crecer rápido, conviene delegar algunas funciones a personas que completen tus propias habilidades. Puede tratarse de un diseñador freelance, un gestor de redes, un experto en SEO o un programador que te ayude a integrar la IA en tu web de forma más avanzada. Así, tú puedes centrarte en la visión global y las decisiones estratégicas, mientras otros asumen tareas especializadas.

Al delegar, resulta vital mantener la comunicación fluida y clara sobre lo que esperas, los plazos y los entregables. Aquí es donde vuelve a aparecer el apoyo de la IA: existen herramientas que transcriben y resumen reuniones, sugiriendo una lista de próximos pasos. También hay plataformas que ayudan a crear organigramas y diagramas de flujo para que todos en el equipo vean cómo encaja cada tarea en el conjunto. La productividad no solo depende de la cantidad de horas invertidas, sino de la coordinación y de la claridad en los objetivos.

Paralelo a esto, no olvides la importancia de construir una comunidad en torno a tu proyecto digital. Puede ser una audiencia que disfrute de tus contenidos, clientes satisfechos que te recomiendan, alumnos de tus cursos que interactúan entre sí o fans de la marca que defienden tus productos en redes. Esta comunidad es el núcleo que sostiene tu imperio a largo plazo, porque te servirá como fuente de retroalimentación, apoyo y ventas recurrentes. Para impulsarla, lo ideal es mantener un canal de comunicación donde la gente pueda aportar ideas, soluciones o críticas constructivas. Un grupo en Facebook, un servidor de Discord, un foro en tu web o una lista de email marketing segmentada:

las opciones son varias. Lo importante es mostrarte cercano, responder dudas y, de vez en cuando, sorprender a tu público con algún regalo, oferta especial o contenido extra. Esa lealtad es el tesoro más grande que puedes acumular cuando emprendes en el mundo digital.

Dentro de los trucos de productividad, es crucial aprender a distinguir entre lo urgente y lo importante. Stephen Covey popularizó esta idea, y sigue siendo muy vigente. Mucha gente se pierde en apagar incendios y responder a peticiones inmediatas, dejando de lado las tareas más relevantes que, a la larga, construyen el futuro del proyecto. Para no caer en esa trampa, puedes planificar cada día reservando, al menos, un bloque inquebrantable de tiempo para trabajar en lo estratégico. Ya sea diseñar un nuevo producto, investigar una tendencia en la que quieras posicionarte, mejorar tu branding o incluso aprender más sobre IA para potenciar tu negocio. Esas actividades no se ven reflejadas en resultados inmediatos, pero son las que te permitirán escalar y no quedarte estancado en lo mismo.

Por supuesto, mantener un equilibrio entre lo digital y tu vida personal es fundamental para sostener el ritmo a largo plazo. Un imperio que dependa de tu disponibilidad 24/7 no es realmente un imperio; es una trampa que acaba con tu salud y motivación. De ahí la importancia de irte desligando, poco a poco, de las tareas mecánicas y construir sistemas que trabajen por ti. La IA es uno de esos sistemas, pero hay otros: un buen equipo, procedimientos claros, automatizaciones sencillas, integraciones entre plataformas. Si desde el principio dedicas tiempo a afinar estos engranajes, verás que tu negocio puede crecer de forma relativamente estable sin que tú estés presente en cada minucia. Esa es la esencia de montar un "imperio": crear algo que se sostenga por sí mismo y te permita vivir con libertad de tiempo y recursos, mientras sigues cultivando tus pasiones.

En este proceso, la inteligencia artificial puede ser la aliada incondicional que te facilita cada etapa, pero la mentalidad emprendedora depende de ti. Definir tus prioridades, alinear tu equipo (aunque sean colaboradores externos), cuidar la calidad de tus productos o servicios, cultivar relaciones a largo plazo con tus clientes o audiencia: todo eso sigue siendo el corazón de un negocio exitoso. La IA, con su habilidad para procesar datos, generar contenido y automatizar rutinas, actúa como catalizador para que cada uno de esos aspectos sea más potente y efectivo. Ya sea que inicies con un solo proyecto o con varios frentes en paralelo, lo esencial es que tengas claro lo que estás construyendo y por qué lo haces. Con esa motivación interna, tus acciones diarias cobrarán sentido y te resultará más fácil lidiar con los retos y obstáculos que surjan en el camino.

En síntesis, montar tu primer imperio digital pasa por estos pasos: clarificar tu visión, definir la estructura de tu proyecto, seleccionar y configurar herramientas de gestión, establecer trucos de productividad y cultivar una comunidad fiel, todo mientras incorporas la IA como motor de eficiencia. No te obsesiones con hacerlo todo perfecto desde el primer día. Lo que hoy definas como tu hoja de ruta puede cambiar con la experiencia, y eso es totalmente normal. Lo importante es que te muevas con determinación, aprendiendo de tus aciertos y errores, y ajustando el rumbo sin perder de vista la meta. Contar con un tablero de control, un sistema de tareas y una mentalidad enfocada en resultados te hará sentir que llevas las riendas, en lugar de que el trabajo se adueñe de tu tiempo.

Además, no temas empezar "pequeño". Muchos grandes proyectos online arrancaron con un solo producto o servicio y fueron expandiéndose conforme su fundador iba aprendiendo del mercado y de las tecnologías disponibles. La inteligencia artificial te permitirá acelerar ese aprendizaje y descubrir rápidamente qué funciona y qué no. Pero, así como no se construye una casa sin cimientos, no se levanta un imperio digital sin una base sólida de objetivos, organización y hábitos de trabajo. Reflexiona sobre cómo quieres que sea tu día a día, en qué horarios rindes mejor y cómo vas a equilibrar las labores urgentes con las importantes. Ajusta tu plan según tus hallazgos y, poco a poco, verás que el "imperio" deja de ser un sueño para convertirse en un sistema funcional, escalable y, sobre todo, satisfactorio.

Por último, recuerda que no estás solo. Hay cientos de comunidades en redes, foros, grupos de emprendedores y profesionales de IA que comparten sus experiencias, recomendaciones de herramientas y hasta se brindan soporte mutuo. Acércate a ellos, haz preguntas y comparte tus propios aprendizajes. Rodearte de gente con intereses similares crea un ambiente de crecimiento constante, donde las ideas fluyen y las colaboraciones surgen de forma natural. A veces, un contacto te presenta a una persona clave, o te sugiere un plugin que revoluciona tu flujo de trabajo. Es en esa conexión humana donde la inteligencia artificial demuestra su verdadero sentido: poner a las personas en el centro, facilitándoles lo que antes consumía demasiado tiempo o resultaba inalcanzable. Con esa perspectiva, tu primer imperio digital estará mucho más cerca de lo que imaginas y, sobre todo, será un espacio donde disfrutar el proceso de emprender en esta nueva era.

CAPÍTULO 5: ESCALAR Y DIVERSIFICAR

La aventura de emprender con inteligencia artificial no termina con los primeros resultados. De hecho, esos ingresos iniciales marcan solo el comienzo de un camino más amplio, lleno de oportunidades para escalar y diversificar. En este capítulo, exploraremos cómo reinvertir de forma inteligente el dinero que empieces a ganar, de qué manera la IA puede abrirte la puerta a fuentes adicionales de ingresos pasivos y por qué es fundamental entender que estamos ante una tecnología que apenas se encuentra en su fase inicial de expansión. La historia nos enseña que, en toda gran transformación, quienes dan el salto temprano y se mantienen aprendiendo y adaptándose cosechan los mejores frutos a largo plazo. Por ello, aquí te brindaremos un panorama de las tácticas, mentalidades y próximos pasos que te permitirán llevar tu emprendimiento digital a otro nivel.

Cuando hablamos de escalar, lo primero que debe venir a tu mente es la reinversión estratégica de los primeros ingresos. Tras lanzar tu proyecto —sea una tienda online inteligente, una agencia de marketing automatizada, un curso con asistencia de IA o cualquiera de los modelos que hemos discutido—, vas a ver cómo comienza a moverse el flujo de caja. Incluso si las ganancias son aún modestas, la clave está en no gastar todo en gustos personales, sino destinar una parte a impulsar el crecimiento. Para ello, es vital que definas un porcentaje claro de tus ingresos que irá a reinvertirse. Algunos emprendedores optan por el 30%, otros se atreven con el 50%. No hay una regla universal, sino la que mejor se ajuste a tus metas y tu contexto. Eso sí, la decisión de cuánto reinvertir debe ser firme y constante, no solo algo que hagas esporádicamente o cuando "sobre" dinero.

La pregunta siguiente es: "¿En qué invierto?" La respuesta varía según la naturaleza de tu negocio, pero, por lo general, hay áreas que generan un retorno alto y sostenido. Por ejemplo, la publicidad en línea es un campo muy fértil. Si utilizas plataformas como Facebook Ads, Google Ads o TikTok Ads con la ayuda de algoritmos de segmentación, puedes llegar a audiencias muy concretas y multiplicar tus ventas o tuscriptores. La inteligencia artificial, por su parte, te ayuda a analizar los resultados de esas campañas, detectando qué segmentos convierten mejor y reasignando el presupuesto para maximizar tus beneficios. Otra opción habitual es invertir en mejorar la experiencia de usuario: ¿tienes un chatbot en tu tienda? Quizá puedas integrar uno más avanzado, capaz de sugerir productos complementarios de manera personalizada. ¿Ofreces un curso online? Piensa en optimizar la plataforma de aprendizaje con IA que analice el progreso de cada alumno y le recomiende lecciones específicas para reforzar sus puntos débiles.

Una de las inversiones más rentables a largo plazo suele ser la tecnología que libera tiempo de tu agenda o la de tu equipo. Por ejemplo, si has estado manejando todo manualmente (responder correos, publicar en redes, enviar facturas), puede que al principio no sea tan complicado, pero al crecer, vas a toparte con un cuello de botella. Allí entra en juego la IA para automatizar tareas de rutina o, al menos, simplificarlas. Quizá descubras una aplicación que, al integrarla con tu CRM, te permita programar respuestas automáticas o crear reportes detallados de ventas con un solo clic. Al principio, esto implica una inversión en la suscripción mensual o en la configuración, pero, con el tiempo, el ahorro de horas de trabajo y la eficiencia adicional se traducen en ingresos más estables y en la posibilidad de atender a más clientes. A veces, emprendedores que llevan tiempo trabajando con IA coinciden en que estas herramientas pagan su costo muy rápido, porque lo que antes tomaba días, ahora se hace en cuestión de horas.

Otra forma interesante de reinvertir es en la expansión de tu catálogo o de tus servicios. Si, por ejemplo, iniciaste vendiendo un solo producto especializado, ¿por qué no añadir otros que complementen o diversifiquen la oferta? Gracias a la IA, puedes predecir la demanda o investigar nichos cercanos que resulten atractivos para tu misma clientela. O, si por el contrario, has estado trabajando en consultorías individuales, puede que sea el momento de lanzar un programa grupal o un servicio premium, apoyado en soluciones de inteligencia artificial que agreguen más valor. La idea es que la reinversión te permita crecer en amplitud (más productos) o en profundidad (servicios de mayor calidad y precio). La clave está en no quedarte estancado en lo que ya funciona; busca siempre la manera de llevarlo un paso más allá.

Ahora bien, cuando empezamos a hablar de escalamiento, no podemos dejar de lado las fuentes de ingresos pasivos relacionadas con la IA. Si en algún momento te has familiarizado con el término "ingresos pasivos", sabrás que no significan que no hagas nada en absoluto, sino que, después de haber hecho un esfuerzo inicial, el negocio se mantiene funcionando y generando beneficios sin tu intervención constante. Hoy en día, la IA abre múltiples canales de este tipo. Uno de ellos es el marketing de afiliados con automatizaciones avanzadas: configuras un embudo de ventas asistido por chatbots y generadores de contenido, y ese funnel se dedica a atraer y convertir a los visitantes. A medida que la gente compra los productos afiliados, tú recibes tu comisión, requiriendo solo ajustes y mejoras ocasionales al sistema.

Otra fuente pasiva potencial se da en la venta de plantillas, prompts o recursos de IA ya creados por ti. Si has dominado la habilidad de diseñar prompts de ChatGPT para usos muy específicos (por ejemplo, generación de guiones para pódcast o creación de planes de estudio), podrías empaquetar esos prompts y venderlos en un marketplace o en tu propia plataforma. Lo mismo con plantillas de hojas de cálculo, modelos de análisis o piezas de software que integren IA. Una vez que el producto digital está creado y pulido, puedes recibir pagos recurrentes cada vez que alguien lo descargue o lo adquiera, sin tener que "producirlo" de nuevo. La demanda de estos recursos crece, ya que muchos profesionales buscan atajos o soluciones listas para usar, en lugar de invertir tiempo en aprender y programar desde cero.

El sector educativo también ofrece vías de ingresos pasivos: sube a una plataforma, como Udemy o Skillshare, un curso pregrabado sobre cómo integrar IA en un negocio, cómo usar cierta herramienta específica o cualquier tema en el que seas experto. Con una buena estrategia de SEO dentro de la plataforma y una sinergia con tu marca personal, puedes lograr un flujo continuo de estudiantes que paguen tu curso, generando ingresos constantes mes a mes. Por supuesto, requerirás actualizar o agregar nuevo contenido de vez en cuando para mantener el curso relevante, pero ese trabajo es ínfimo comparado con la posibilidad de que un producto digital te rente ingresos a largo plazo.

Pensar en estas alternativas es crucial cuando inicias un negocio con IA, porque la mayoría de emprendedores desea, en algún momento, desprenderse un poco de la operativa diaria y dedicarse a la estrategia, a la exploración de nuevas ideas o, simplemente, a disfrutar más de su tiempo libre. La tecnología te ayuda en esa ruta a la libertad financiera, pero siempre recuerda que el "pasivo" no es algo mágico: requiere una base sólida, trabajo previo y un mantenimiento mínimo para seguir funcionando. Cuando comprendes eso, te das cuenta de que cada hora invertida en crear una fuente de ingresos pasiva es una apuesta que se multiplica con el tiempo.

Llegados a este punto, es valioso reflexionar acerca de los próximos pasos y las conclusiones que derivan de todo lo que hemos visto en el libro. La IA, en cada capítulo, se ha presentado como un habilitador de eficiencia, creatividad y oportunidades de negocio. No hay sector que no pueda beneficiarse de la inteligencia artificial: desde el comercio electrónico hasta la consultoría, pasando por la creación de contenido, los programas de afiliados y la diversificación de servicios digitales. Sin embargo, más importante aún, es entender que estamos apenas rozando la superficie. La IA, aunque ya es capaz de logros extraordinarios, sigue en pañales si la comparamos con lo que vendrá en los próximos años. Nos encontramos en una fase temprana de adopción masiva, en la que todavía no se han alcanzado los niveles de madurez y optimización que veremos más adelante.

Este escenario es una oportunidad enorme para ti. Como hemos mencionado, las revoluciones tecnológicas suelen recompensar a quienes entran temprano y se mantienen abiertos a la innovación. Aquellos que dominan el uso práctico de la IA, que entienden cómo sacarle jugo a los datos, cómo automatizar procesos y cómo crear valor para los clientes con más rapidez, tienen la ventaja sobre la competencia. La curva de aprendizaje se vuelve cada vez menos empinada, gracias a que surgen nuevas plataformas y tutoriales. Pero también, precisamente por eso, crecerá la competencia, y las ideas que hoy te parecen novedosas pueden volverse el estándar de mañana. Por eso, lo recomendable es cultivar una mentalidad de aprendizaje continuo y de adaptación rápida, para no quedarte atrás.

Imagina dentro de tres años, cuando la IA avance en ámbitos como la robótica, la realidad aumentada o la computación cuántica. En ese panorama, los negocios que ya hayan integrado la IA como pilar de sus operaciones tendrán más facilidad de absorber nuevas tecnologías y fusionarlas con su modelo de manera orgánica. Por el contrario, quienes se nieguen al cambio seguirán luchando con métodos manuales, intentando igualar la velocidad y precisión de las empresas que han abrazado la inteligencia artificial. Este libro nace para animarte a ponerte del lado de la innovación, entender desde ya las posibilidades que la IA te brinda y empezar a tomar acción, aunque sea con proyectos pequeños o con integración básica de herramientas.

Como paso final, te invitamos a que tomes una postura activa y analices por ti mismo los ejemplos y estrategias que hemos ido desgranando. Retoma las páginas donde hablamos de la creación y venta de contenido con IA, de los cursos y consultorías online, del e-commerce inteligente, del marketing de afiliados, de las agencias automatizadas, del freelancing especializado en prompts y de la posibilidad de crear tus propias aplicaciones con IA integrada. Cada una de estas vías es un camino válido para la monetización en la era digital. No dudes en mezclar ideas, en desarrollar experimentos que te permitan descubrir lo que mejor funciona para ti. Así es como los grandes proyectos surgen: de la experimentación y del análisis constante de lo que el mercado está pidiendo.

También queremos reforzar la idea de que la comunidad y la colaboración son esenciales en este proceso. La IA, por su propia naturaleza, avanza mediante la contribución y los hallazgos compartidos de innumerables desarrolladores, investigadores y emprendedores en todo el mundo. Participar en foros, grupos de redes sociales o eventos de tecnología te mantiene informado y te conecta con personas que, tal vez, terminen siendo tus socios, aliados o clientes. No subestimes el poder de las alianzas: a veces, un programador y un creativo se unen para desarrollar una app de IA que se vuelve un éxito rotundo, o un marketer se asocia con un especialista en data science para lanzar una plataforma de recomendaciones personalizadas que conquista al público. En este sentido, la IA no es solo una tecnología, sino un ecosistema donde la colaboración propulsa la innovación.

Llegados a este punto, queda reafirmar algo que mencionamos al comienzo del libro: la IA está lejos de ser un fenómeno pasajero o una moda. Su expansión es continua, y a medida que más sectores entiendan su potencial, la demanda de soluciones integradas seguirá creciendo. Quien haya adquirido experiencia práctica en la construcción de negocios basados en IA, o la haya incorporado tempranamente en sus procesos, tendrá el conocimiento y la confianza para adaptarse a cualquiera de las próximas evoluciones tecnológicas que surjan. Esto no solo se traduce en ganancias inmediatas, sino en la posibilidad de forjar una carrera o un legado dentro de la economía digital. No dudes en pensar a lo grande, porque el campo de acción es, en verdad, enorme.

En conclusión, escalar y diversificar tu negocio digital apalancándote en la IA implica tres grandes ejes: reinversión inteligente de los primeros ingresos, búsqueda de fuentes de ingresos pasivos donde la IA haga el "trabajo duro" por ti y, finalmente, la adopción de una perspectiva a largo plazo, asumiendo que estamos ante un fenómeno que apenas comienza y que, con toda seguridad, redefinirá las reglas del juego en los próximos años. El futuro es prometedor para quienes se atrevan a soñar y a poner en práctica las estrategias revisadas en este libro. Queremos recordarte que no existe una única fórmula: tú eliges tus batallas, tus métodos de monetización y el ritmo al que quieres crecer. El denominador común es la inteligencia artificial como aliada, como catalizador que incrementa tu eficiencia, tu alcance y tu capacidad de sorprender a tus clientes.

Ahora, te toca a ti escribir el siguiente capítulo de esta historia. Continúa formándote, experimenta con nuevas herramientas y no temas equivocarte. Cada error es una oportunidad de aprendizaje, y cada aprendizaje te acerca un paso más al dominio de la IA. Toma en serio lo que hemos dicho sobre el potencial de diversificar y buscar ingresos pasivos: tu tiempo es tu recurso más preciado, y la IA puede ayudarte a manejarlo con sabiduría, permitiéndote trabajar de manera más inteligente y menos intensa, si ese es tu anhelo. Al final, lo verdaderamente poderoso es la combinación de tu creatividad, tu capacidad para emprender y la fuerza de una tecnología que aún no muestra todo su esplendor. Ahí radica la gran ventana de oportunidad: saber que, dentro de unos años, mirarás atrás y te alegrarás de haber tomado la decisión de subirte a esta ola cuando todavía estaba en su fase inicial. El mañana pertenece a los que actúan hoy. Adelante, y que la inteligencia artificial siga impulsando tus sueños y tu éxito.

CAPÍTULO 6: CASOS DE ÉXITO Y APRENDIZAJE DE FRACASOS

La inteligencia artificial puede parecer un terreno de pura ciencia y números, pero lo cierto es que está plagado de historias humanas llenas de intriga, risas, enredos y, por supuesto, momentos de euforia cuando las cosas salen bien. Nos vamos a sumergir en un recorrido por casos de éxito (y también de no tanto éxito) de emprendedores que decidieron dar el salto y aplicar la IA en diferentes nichos. Prometo, eso sí, hacerlo de manera amena, divertida y muy realista, porque si algo queda claro al montar negocios con inteligencia artificial es que el camino está lleno de anécdotas que a veces parecen salidas de una comedia de situación. Y es que cuando pones a un cerebro humano (lleno de ideas locas) y a un montón de algoritmos a cooperar, salen chispas… para bien o para mal.

Empecemos con la historia de Marta, una diseñadora de interiores que, a pesar de que la palabra "inteligencia artificial" no estaba en su diccionario, decidió dar un giro radical a su negocio. Hasta hace un par de años, Marta pasaba horas dibujando, calculadora en mano, para sacar los presupuestos. Un día, en un evento de networking, escuchó la palabra "algoritmo" y tuvo flashbacks de sus clases de matemáticas de la secundaria. Pero la curiosidad la venció, y tras una pausa dramática (con refresco en mano), le preguntó a un programador allí presente: "¿Cómo podría aprovechar la IA para mi estudio de diseño?" Así comenzó su aventura.

Marta se puso en contacto con un desarrollador que conocía de la universidad (ya saben, ese amigo que siempre estaba metido en computadoras mientras los demás bailaban en las fiestas), y juntos crearon un modelo de IA que analizaba las medidas de un espacio, los gustos del cliente (colores, estilos, texturas) y sugería diseños preliminares. ¿Resultado? Se ahorraba días —sí, días— de trabajo para presentar la primera propuesta. Así tenía más tiempo de regar sus plantas, comer donas y, claro, enfocarse en la parte verdaderamente creativa. A sus clientes les encantó, porque recibían un boceto rápido y podían hacer cambios sin pagar sesiones interminables de ajustes. Sin embargo, el primer obstáculo surgió cuando el modelo confundió "estilo minimalista" con "quédate con un solo mueble". Hubo un par de quejas, especialmente de un cliente que, textualmente, escribió: "He pagado tanto para que mi casa luzca como un pabellón vacío en un hospital futurista". Después de un par de risas nerviosas, Marta entendió la importancia de supervisar lo que hacía su IA, y ajustó el modelo para que no creyera que minimalismo equivalía a "morirse de soledad decorativa". Con el tiempo, perfeccionó el algoritmo y ganó reputación como la diseñadora de interiores que podía generar propuestas veloces y modernas. Ese balance entre la interpretación humana y la velocidad del software la convirtió en un caso de éxito. Hoy, cobra tarifas más altas y, de vez en cuando, se da el lujo de tomarse vacaciones, mientras su IA se encarga de la parte aburrida.

Sigamos con otra historia que nos lleva a una pequeña cafetería en una ciudad turística. Su dueño, Alberto, siempre había soñado con ser chef, pero la vida le hizo un guiño y terminó regentando un local de cafés y pastelitos. Aunque su local estaba genial, con mesas pintadas a mano y aire vintage, la competencia era brutal. Necesitaba algo que lo diferenciara de los demás. Fue entonces cuando decidió introducir un sistema de predicción de stock a través de la IA. ¿Una cafetería con IA? Sí, suena extraño, pero la idea era sencilla: analizar la cantidad de clientes diarios, las ventas de ciertos productos, el clima y hasta la proximidad de festividades para predecir cuántos pastelitos hornear al día. Durante la primera semana, Alberto estaba emocionado. Programó un chatbot (con la ayuda de un amigo geek) para registrar cuántos clientes compraban, a qué hora y qué tan hambrientos llegaban.

El sistema aprendía rápido, pero surgió un problema. Un martes, el chatbot predijo que por ser día nublado y con 60% de humedad, se venderían muchos brownies calientes. Alberto hizo un montón de brownies. Al final del día, vendió solo la mitad. ¿La razón? Todos decidieron pedir café helado y galletas con chispas de chocolate (por algún extraño capricho colectivo). El problema era que el chatbot aún no entendía las tendencias raras que pueden surgir de la nada. Alberto lo tomó con filosofía y regaló los brownies sobrantes a sus clientes para mantenerlos contentos. A pesar de esos altibajos, el sistema mejoró con el tiempo, aprendiendo de esas sorpresas, y consiguió que Alberto no desperdiciara tanta comida. Incluso empezó a asesorar otras cafeterías de la zona para implementar un sistema similar. Los vecinos, medio escépticos, comenzaron a llamarle "el cafetero con robotitos", pero vaya que aumentó sus ventas. La moraleja: la IA puede errar cuando no tiene los datos suficientes o cuando surgen situaciones imprevistas, pero con perseverancia y ajustes constantes, los resultados terminan siendo positivos.

Vayamos a otra anécdota, esta vez en el campo de la salud. Roxana, enfermera de profesión, detectó que en su clínica, las citas médicas se gestionaban con un cuaderno y un bolígrafo. Literalmente, un doctor se asomaba por la puerta y gritaba: "¿Quién sigue?", como en una película de los años setenta. Inspirada por su hermano, un analista de sistemas, convenció a la administración de implementar un sistema de IA para organizar las citas, priorizar emergencias y mejorar la atención en recepción. El asunto sonaba prometedor, pero se encontró con un montón de obstáculos. Primero, la gente mayor no quería hablar con "máquinas" (le tenían respeto y un poquito de pánico a la idea de que un robot les dijera cuándo podían pasar con el doctor). Segundo, la infraestructura de la clínica era más antigua que los abuelos que iban a consulta. Y tercero, el personal acostumbrado a su "cuadernito confiable" no veía con buenos ojos esta "modernidad".

El primer mes fue caótico: había turnos que se asignaban mal, un par de algoritmos confundían urgencias con revisiones de rutina, y los médicos veteranos a cada rato gritaban "¡Esto no sirve, yo me quedo con mi agenda de papel!" Pero Roxana insistió en la capacitación, haciendo talleres y sesiones de preguntas y respuestas para que el personal aprendiera cómo usar la plataforma. A mitad de ese proceso, un médico le preguntó a la IA: "¿Crees que soy muy viejo para atender pacientes?" (quería ver cuánto entendía la máquina) y la IA, programada con un sarcasmo inexistente, respondió algo sobre la esperanza de vida en su país, causando un silencio incómodo en la clínica. Hubo risas después de que entendieron que solo era un enredo. Con el tiempo, la implementación mejoró, los pacientes más jóvenes empezaron a alabar lo rápido que conseguían su turno y, finalmente, la clínica redujo el tiempo de espera en un 40%. Aunque hubo un par de fracasos chistosos y un choque generacional, la IA le permitió a Roxana sobresalir, y la dirección la ascendió a coordinadora de la clínica. Lección: la resistencia al cambio es real, pero si uno persevera y explica (y reexplica y vuelve a explicar), la IA puede transformar procesos aparentemente anclados en el pasado.

Hablemos ahora de un emprendedor llamado Joaquín, que diseñó una app de citas (sí, un Tinder con esteroides... y algoritmos). La propuesta de Joaquín era curiosa: una IA que analizaba no solo las fotos y la biografía, sino también los patrones de escritura y el tono de voz en mensajes de audio, intentando "predecir" la compatibilidad emocional. Al principio, consiguió inversores y todo pintaba genial: "¡La IA que te encuentra tu media naranja!" Pero hubo un caos monumental cuando, tras el lanzamiento, varios usuarios comenzaron a denunciar que la app los emparejaba con personas que vivían a 2.000 kilómetros de distancia. Resultó que el sistema de coincidencias subestimaba el factor geográfico a favor de la "compatibilidad emocional". Para la IA, si los dos eran fans de las películas de dinosaurios, se reían con chistes de abuelas y usaban emojis de pastelitos, la distancia no importaba. Claro, para los mortales sí importaba.

La mala publicidad en redes llegó rápido, sobre todo cuando una usuaria subió pantallazos de su "match perfecto" viviendo en otro continente. La historia se volvió viral. Joaquín y su equipo corrieron a ajustar los parámetros del algoritmo, aumentando el peso de la ubicación. Incluso decidieron hacer unas pruebas presenciales en bares locales, donde invitaban a la gente a usar la app. Pero la reputación había quedado tocada. Algunos tuiteros se mofaron llamando a la app "La Aguja en el Pajar" porque te encontraba al "perfecto desconocido" en la otra punta del globo. A pesar de todo, Joaquín no se rindió. Corrigió los fallos, lanzó una campaña que enfatizaba la posibilidad de filtrar por ubicación, y poco a poco la app recuperó parte de su credibilidad. ¿La moraleja? Integrar IA en productos que manejan múltiples factores humanos (como la geografía, la química interpersonal y los gustos extravagantes de la gente) es complicado, y un desliz algorítmico puede generar una crisis de reputación si no se actúa rápido. Joaquín confiesa que aprendió a hacer pruebas más exhaustivas antes de lanzar algo al mercado y a ser transparente con los usuarios en cuanto a los límites de la IA.

Otra historia, para echarnos unas risas, es la de Sofía, dueña de una tienda de productos para mascotas. Cansada de que su almacén quedara lleno de comida de perro que no se vendía y de correas para gatos agotadas, instaló un sistema de IA para pronosticar la demanda semanal. El modelo analizaba factores como temporadas de cría (cuando la gente compra más accesorios), días de lluvia (cuando la gente no sale y, por ende, compra online) y hasta tendencias en redes ("el collar con moñito es tendencia"). En la primera semana, el algoritmo le dijo que la comida para perro con sabor a salmón se vendería como pan caliente. Sofía invirtió en un lote grande de esos productos. Pero resultó que, sin nadie entender por qué, la mayoría de compradores habían decidido cambiar a comida de atún. Imagínense el drama de tener sacos de salmón apilados. ¡Hasta los perros del barrio parecían hartos de tanto salmón!

Lejos de rendirse, Sofía aprovechó la oportunidad para lanzar una campaña: "Dale un toque gourmet a tu perrito con salmón noruego". Regaló pequeñas muestras y organizó promociones. Gracias a la IA, se dio cuenta de que, en ese momento, los dueños de gatos sí andaban en busca de golosinas con pescado, así que redirigió la campaña a quienes tenían gatos (aunque el producto era para perros, algunos dueños se arriesgaron a probarlo. Los veterinarios pusieron el grito en el cielo, pero bueno, ¡la mercadotecnia es así!). Con el tiempo, el modelo fue refinándose y Sofía encontró el equilibrio de stock. Incluso empezó a predecir con bastante exactitud la cantidad de collares que se venderían por mes. A día de hoy, su tienda online incluye un chatbot que responde preguntas como "¿Esta correa es buena para un Chihuahua que mastica todo?" y "¿Mi canario puede comer esas galletas de zanahoria?" Y la gente sale feliz con un perro elegante y bien alimentado (o al menos, con correa nueva).

Ahora, por supuesto, no todos los casos tienen un final feliz. Hilario, un emprendedor del sector de la moda, quiso utilizar IA para generar diseños de ropa basados en patrones que estaban "de moda" según las redes sociales. Su algoritmo husmeaba hashtags, comentarios y lo que estaban usando los influencers, y luego proponía bocetos. Hasta ahí, sonaba fantástico. El problema surgió cuando la IA empezó a crear combinaciones imposibles: faldas con estampados de cebra y tops de piñas brillantes en tonos fosforescentes. ¿Resultado? Hilario, en su ingenuidad, produjo algunas muestras físicas y las subió a su tienda online. La gente se reía en los comentarios: "¿Cómo salgo a la calle con este batiburrillo de estampados que ni en un circo?" Fue tan embarazoso que tuvo que retirar el catálogo y comerse (metafóricamente) las pérdidas. Aprendió la importancia de tener a un diseñador humano validando lo que la IA produce. Después de este fracaso, Hilario ajustó su modelo para que la IA ofreciera sugerencias "más realistas" y, ahora sí, integró un paso de revisión creativa humana antes de mandar nada a producción. Fue un golpe a su bolsillo, pero quedó la lección: la IA no puede reemplazar, al menos por ahora, la sensibilidad estética y la cordura de un diseñador que reconozca lo que es ponible.

Sigamos con un caso relacionado con el marketing digital. Carlos, asesor de redes sociales, pensó que sería genial enseñar a sus clientes a usar IA para redactar copys y programar publicaciones. Hasta ahí, todo bien: ofreció un taller donde explicaba cómo un generador de texto podría ayudar a crear descripciones, eslóganes y tweets con el gancho perfecto. Su primer error fue no advertirles que revisaran lo que la IA producía. Uno de los clientes, desesperado por "ahorrar tiempo", conectó el generador directamente a sus redes. De la noche a la mañana, empezó a publicar frases rarísimas, algunas incluso con faltas de ortografía o insultos en inglés (porque el algoritmo tomó mal las referencias). Fue tal la avalancha de respuestas que terminó haciéndose viral... por las razones equivocadas. La marca quedó mal parada, y el cliente, furioso, fue a reclamarle a Carlos, quien tuvo que reconocer que, en su afán de vender el "poder de la IA", no subrayó la necesidad de supervisión. Al final, con una disculpa pública y un manual estricto de cómo usar la herramienta, recuperaron parte de la reputación. Pero la moraleja es clara: la IA ahorra tiempo, sí, pero es peligroso dejarla en piloto automático sin moderación, especialmente cuando tu reputación está en juego.

Otro ejemplo gracioso (aunque en su momento, seguro que no fue tan gracioso para el emprendedor) es el de Elena, quien montó un blog de viajes en el que publicaba recomendaciones de destinos, hoteles y restaurantes. Quiso automatizar la escritura de artículos con IA, programando la publicación de un post diario con consejos para cada lugar. El primer mes fue un éxito, porque los artículos eran bastante decentes y la gente los compartía pensando que Elena era la nueva gurú de los viajes. Pero llegó un día en que la IA recomendó un supuesto "restaurante gourmet en la cima del Monte X", con vistas espectaculares y un chef internacional. Sonaba maravilloso, pero... no existía. Algunas personas decidieron darse la aventura y fueron al Monte X. Se encontraron con que era un cerro desolado, sin un alma en kilómetros. El aluvión de quejas en redes etiquetó al blog como "fantasioso" y "creador de sitios inexistentes". Elena, colorada de vergüenza, tuvo que salir a decir que se había tratado de un "error". A partir de ese incidente, incluyó un paso de verificación humana en cada post, especialmente al citar nombres de lugares concretos. Aprendió a las malas que la IA puede inventar datos que suenan convincentes, pero que en realidad son pura ficción. Curiosamente, ese escándalo le trajo fama, y hubo quien, con buen humor, quiso subir al Monte X solo para grabar un TikTok. Pero, por supuesto, no es la forma más sana de construir credibilidad.

Daría para escribir un libro entero (bueno, de hecho, estamos en ello) sobre historias de gente que adoptó la IA y tropezó con los detalles, pero terminó sacando aprendizajes valiosos. Lo chistoso es que, en muchos casos, los obstáculos no tienen que ver con la tecnología en sí, sino con factores humanos: el ego de no querer revisar lo que produce la IA, la impaciencia por ver resultados inmediatos, la falta de comunicación con el equipo, la resistencia al cambio o, sencillamente, la mala costumbre de creer que "la máquina sabe más que yo". Los casos de éxito, por su parte, suelen compartir la misma moraleja: la IA funciona mejor cuando complementa las habilidades humanas, en lugar de pretender reemplazarlas por completo.

Un ejemplo de gran éxito viene de la industria de la música. Clara, productora musical, decidió utilizar IA para analizar tendencias de las listas de Spotify y descubrir ritmos o melodías que resonaban más con la gente. Al principio, los artistas la miraban con recelo: "¿La música no es, acaso, un arte humano?" Pero Clara no pretendía que la IA reemplazara la creatividad, sino que sirviera para identificar qué elementos ponían a la gente a bailar, o qué tipo de estructura resultaba más pegadiza. Cuando empezó a colaborar con cantantes emergentes, descubrió que podías componer una canción con base en esos patrones estadísticos y luego darle un toque personal. El primer sencillo lanzado con esa mezcla de IA y talento humano escaló rápidamente en plataformas digitales, y se convirtió en un éxito local. La gente decía que el ritmo era "adictivo". Clara cuenta que, si bien la IA le dio ideas de acordes y secuencias repetitivas, la verdadera magia vino de la voz y la interpretación de los artistas. Poco a poco, más músicos se interesaron en su método, y ahora Clara se ha posicionado como la "productora futurista" de la escena independiente. Veamos: su IA no acertó al 100% en los primeros intentos, de hecho, hubo alguna canción que salió tan repetitiva que parecía un castigo para los oídos. Pero con la retroalimentación adecuada, la tecnología aprendió y sirvió como catalizador. ¿Lecciones? El éxito no llega sin ensayo y error, y la IA no puede inyectar alma a la música, pero sí darte insights para crear algo diferente y, en ocasiones, muy comercial.

Habiendo recorrido todos estos casos, nos damos cuenta de una constante: los mejores resultados se dan cuando la persona —o el equipo— y la IA colaboran de manera armoniosa. No se trata de cederle a un algoritmo todas las decisiones, ni de pretender que la tecnología supla la sensibilidad o la intuición humana. Más bien, se trata de una danza en la que la IA aporta velocidad, análisis de datos, predicciones, generación de ideas, mientras el emprendedor o profesional revisa, ajusta y aporta el toque de empatía que tanto necesita todo negocio. Cuando esa fórmula se desbalancea, ocurren situaciones graciosas (o trágicas, según el cristal con que se mire) como el restaurante inexistente en el Monte X o las creaciones de moda dignas de un carnaval estrafalario.

Por otro lado, los fracasos y los tropiezos son parte natural de todo proceso de innovación. Nadie que haya lanzado un proyecto con IA logró el éxito en el primer intento, y si alguien te cuenta lo contrario, métele un poco de escepticismo. La mayoría de los emprendedores que comparten sus historias reconocen que calibrar la IA, alimentar el sistema con datos de calidad y supervisar sus salidas les consumió un tiempo que no esperaban. Pero, en la medida en que iban puliendo la implementación, se multiplicaban los beneficios: menos horas invertidas en tareas repetitivas, mayor satisfacción del cliente, reducción de costos, mejor calidad final. La risa y los momentos incómodos del principio, con el tiempo, se convierten en anécdotas de bar para entretener amigos y familiares.

Por último, es importante resaltar que estos ejemplos reales, con sus aciertos y desatinos, enseñan más que un manual de teorías. Nos recuerdan que la tecnología, por brillante que sea, no está exenta de errores si no se complementa con criterio humano. Al final, la IA es una herramienta potente, pero sigue siendo una herramienta. La visión, la pasión y la responsabilidad del emprendedor son el verdadero motor del éxito. Si algo nos dejan claro estas historias, es que cuando una persona creativa se junta con una IA bien entrenada, puede surgir un modelo de negocio único, capaz de conquistar mercados y, por qué no, de arrancarnos unas cuantas sonrisas (además de algún dolor de cabeza inicial).

Los casos de éxito y los fracasos (o fracasos con risas) que hemos repasado ilustran la amplitud de nichos en los que la inteligencia artificial hace de las suyas: desde la arquitectura y el diseño de interiores, hasta la música, la hostelería y el sector de la salud. Cada uno tiene su toque hilarante, su mini drama y su gran enseñanza. Al final del día, lo importante es recordar que no existe el "éxito asegurado" ni la "IA infalible". El aprendizaje está en atreverse, en ajustar el rumbo cuando sea necesario y en no soltar esa pizca de humor que nos permite sobrellevar las equivocaciones. Porque, a fin de cuentas, nada como una buena anécdota para cimentar la sabiduría de quienes se arriesgan a innovar. Si terminas con la casa amueblada minimalista "versión nave espacial" o con un stock infinito de pastelitos de salmón, tómalo con calma: cada error es, en realidad, un paso hacia la excelencia... o al menos, una historia que contar en la próxima reunión con amigos.

CAPÍTULO 7: COMBINAR MARCA PERSONAL Y IA

La construcción de una marca personal sólida se ha convertido en un auténtico trampolín para quienes buscan sobresalir y monetizar su conocimiento, su carisma o simplemente su capacidad de inspirar a otros. Sin embargo, si algo hemos aprendido de la revolución tecnológica es que la inteligencia artificial no se limita a los laboratorios o a las grandes corporaciones. Hoy, incluso alguien que inicie con un público reducido puede apalancar la IA para crear contenidos con un sello único, optimizar la gestión de redes y comunicarse de forma más cercana (aunque parezca extraño decir "cercana" y "tecnología" en la misma frase). En este capítulo, combinaremos el encanto de la marca personal con la eficiencia de la inteligencia artificial y, además, le pondremos ese toque de humor para que no te quedes dormido mientras lees.

¿Quién no ha soñado alguna vez con ser "famosillo" en redes por algo que realmente le apasiona? La verdad es que ahora, con la competencia brutal que existe, diferenciarse se ha vuelto un arte en sí mismo. La buena noticia: la IA puede convertirse en tu aliada secreta para no perderte en ese mar de perfiles grises que pululan por las plataformas. ¿Cómo? Pues, para empezar, mediante la generación de contenido inteligente que hable de ti y de tus temas de manera coherente, constante y, ¡ojo!, sin dejar de reflejar tu personalidad. Muchos temen que la IA despersonalice sus mensajes, pero lo cierto es que, si le das el input correcto y la supervisión adecuada, esta tecnología puede transformar tus ideas, apuntes y hasta tus bromas en piezas de contenido que parezcan salidas de la pluma de un guionista brillante. Bueno, con la salvedad de que tendrás que darle unas cuantas guías para que no se lance a decir disparates.

Demos un ejemplo muy sencillo. Pongamos que te encanta cocinar postres veganos y te has propuesto convertirte en referente en este nicho. Podrías utilizar herramientas de generación de texto para crear descripciones tentadoras de tus brownies de chocolate sin gluten, con palabras que hagan babear a tus seguidores. El truco está en explicarle a la IA que tu estilo es cercano, divertido, y que te gusta meter alguna expresión coloquial. Por ejemplo, "estos brownies están más esponjosos que nubes de algodón en un día de primavera". ¡Verás cómo la IA te ofrece variaciones que, a menudo, superan nuestras expectativas! Eso sí, no olvides verificar que no te recomiende agregar dos kilos de sal en lugar de una pizca, porque las risas estarían garantizadas (y el desastre culinario también).

La clave de todo esto es encontrar el equilibrio entre lo que hace la IA y lo que agregas tú. La marca personal se alimenta de tu historia, tus valores, tus vivencias y tu forma peculiar de ver el mundo. La IA puede estructurar esas anécdotas, darles coherencia, corregir faltas de ortografía que a lo mejor se te escapan cuando escribes a toda velocidad con el café al lado, y hasta proponer ideas para titular tus artículos o videos de YouTube. Pero ten presente que las anécdotas que te hacen único, las experiencias y la conexión emocional con tu audiencia, siguen dependiendo de ti. De lo contrario, tu marca terminará pareciéndose a la de un robot, y difícilmente la gente se involucre de verdad con un ente sin alma. A veces, la gracia reside en que se note esa chispa humana que la IA, por sí sola, no puede replicar.

Por otro lado, la gestión de redes sociales requiere, a menudo, un ejército de Community Managers (o una persona con muchas manos) para contestar comentarios, mensajes directos, menciones, retuits, etcétera. ¿A quién no le ha pasado que un día se despierta con cien notificaciones pendientes y piensa: "¿de verdad necesito contestar todas ahora mismo?" La IA viene al rescate con herramientas capaces de automatizar la interacción, al menos en un primer nivel. Existen chatbots entrenados para responder preguntas frecuentes con tu tono de voz y estilo. Por ejemplo, si tienes un grupo de seguidores fieles en Instagram que te preguntan: "Oye, ¿cuándo subes la próxima receta?" el bot, sin parecer un androide de una película de ciencia ficción, responde algo como: "¡Hola, guapi! Pronto traeré una sorpresa chocolatera que te va a encantar. Mantente atento a las stories esta semana." Suena a ti (o al menos, a una versión tuya muy mañanera) y la gente se queda satisfecha sin tener que esperar a que, por fin, acabes de lavar los platos y contestar manualmente cada mensaje.

Eso sí, el toque humano nunca debe perderse. Si alguien te manda un mensaje largo con una historia emotiva de cómo tus recetas le han ayudado a superar el estrés, evidentemente lo ideal es que respondas personalmente. Una marca personal no consiste en delegar toda tu alma al software, sino en usar la IA para las tareas repetitivas y dedicar tu energía a las interacciones que de verdad importan. Por lo tanto, no le tengas miedo a la automatización, pero ten siempre el radar encendido para saber cuándo es mejor que sea tu dedo el que teclee la respuesta. La gente huele cuando algo es un mensaje automático, y un exceso de frialdad puede dañar la relación con tu audiencia.

Ahora, hablemos de optimización de comunicación con seguidores. Es increíble cómo los algoritmos pueden analizar los picos de engagement, la hora del día en que tu público está más activo, los temas que generan más likes o comentarios, e incluso las palabras que causan más reacción emocional. La IA puede escarbar en miles de datos y decirte: "Oye, ¿sabías que cuando hablas de postres con mermelada orgánica, la gente le da el triple de 'Me gusta' que cuando hablas de ensaladas?" Así, puedes planificar tu calendario de contenidos con base en lo que más conecta con tu audiencia. Es un atajo fenomenal para entender a tu gente y, de paso, ahorrarte los posteos que caen en saco roto. Y sí, a veces te darás cuenta de que a la gente no le interesan tus reflexiones sobre la vida en Marte, sino que quieren ver cómo horneas cupcakes o cómo haces yoga sobre una colchoneta en el salón. Así es la vida, y si la IA te ayuda a entender mejor los gustos del público, mejor aún.

A estas alturas, tal vez te preguntes: "¿Y eso de 'no perder el toque humano' cómo se aplica en la práctica?" Bueno, se trata de equilibrar. Utiliza la IA para, por ejemplo, proponer ideas de contenido: "Dame 10 temas para un video sobre pasteles veganos que incluyan palabras clave de tendencia." Acto seguido, la IA te lanzará un montón de sugerencias. De ellas, eliges las que vayan con tu esencia. Después, cuando redactes el guion o el post, la IA puede ayudarte a corregir y a embellecer el texto. Pero no olvides meter tus chistes, anécdotas personales y expresiones peculiares. Si tu marca personal se basa en la ironía o en contar historias trágicamente graciosas de la vida, ¡no esperes que el software sepa crearlas por sí mismo! Tú eres el que aporta esa "salsa secreta".

Veamos ahora ejemplos de influencers, coaches y especialistas que aprovechan la IA para crecer y monetizar su reputación. Tomemos el caso de Andrea, una coach de bienestar emocional que empezó a darse a conocer con breves videos motivacionales en TikTok. Al principio, se mataba grabando y editando, y subiendo el video a las 6 de la mañana. Luego descubrió que con la IA podía, primero, generar una batería de ideas sobre temas de autoayuda y frases inspiradoras. Cada cierto tiempo, analizaba con un sistema de machine learning cuáles de sus publicaciones tenían más alcance y por qué. Descubrió, por ejemplo, que cuando decía la palabra "resiliencia" (palabra de moda, dígase de paso) su audiencia reaccionaba más. Así que empezó a usarla con moderación, sin parecer una fanática. También comprendió que sus seguidores estaban más activos a las 9 de la noche que a la hora en que el gallo canta. Ajustó sus publicaciones, y bum: en pocas semanas, el engagement subió como la espuma.

Para la interacción, Andrea automatizó respuestas a preguntas básicas del estilo "¿Cuál es la mejor técnica de meditación para principiantes?" con un chatbot que escribía en su tono. Cuando veía que alguien tenía un problema más grave, el bot respondía con un "Te sugiero ponerte en contacto directamente con Andrea" y dejaba su correo. De esa manera, no recargaba su bandeja con cuestiones repetitivas, pero sí se ocupaba personalmente de la gente que necesitaba ayuda real. Después, Andrea monetizó su reputación con un programa de coaching en línea, cuyos cupos vendía a un precio bien apañado. Hoy, vive más relajada y con una comunidad agradecida por su disponibilidad, sin que ella pierda la cabeza por el cúmulo de mensajes.

Otro ejemplo destacado es el de José, un especialista en marketing para emprendedores. Al principio, trabajaba 14 horas al día para mantener su canal de YouTube, un pódcast semanal y las consultorías. Cuando descubrió la IA, se le abrieron los cielos. Empezó a usarla para crear plantillas de email marketing que ofrecía como lead magnet: la IA le escribía 5 o 10 variaciones de correos persuasivos, y él se encargaba de pulirlos y ponerles esa chispa que lo caracteriza. Luego, presentó esas plantillas como un producto digital, y ojo: lo vendió como "las plantillas exactas que uso en mi propia estrategia, refinadas con IA". El público respondió con entusiasmo. También usó herramientas de generación de voz para producir intros de sus videos con un tono cercano y motivador, ahorrándole tiempo de locución. El resultado: su marca creció, sus contenidos se multiplicaron y, curiosamente, comenzó a tener más tiempo para actividades personales, como jugar con su perro o aprender a cocinar. Una marca personal que prospera sin que el creador se queme las pestañas necesariamente 24/7.

Los influencers de estilo de vida tampoco se quedan atrás. Ana, fanática de la moda, logró expandir su cuenta de Instagram a cifras estratosféricas ayudándose de la IA para programar y diseñar su feed. Imaginemos: ella le daba la instrucción a un generador de contenido visual para proponerle ideas de outfits según las tendencias (con análisis de hashtags, pasarelas y lo que las celebridades usaban en las alfombras rojas). Si bien las propuestas del software podían ser algo disparatadas, Ana filtraba y seleccionaba las que sí iban con su estilo. Así montaba "collages virtuales" sin invertir horas navegando por internet. Luego, con un editor de imágenes con IA, pulía las fotos, ajustaba la luz, y dejaba sus publicaciones tan estéticamente perfectas que sus seguidores creían que tenía todo un equipo de estilistas detrás. ¡Y no! Era ella y su inseparable asistente tecnológico. Al final, cerró colaboraciones con marcas de moda, y muchas veces bromeaba: "Mi socio es un algoritmo que no entiende de 'días malos para el cabello', pero sí sabe cuándo sube la tendencia #casualchic."

La moraleja de estos ejemplos es que la IA ofrece herramientas que permiten escalar tu alcance y tu producción de contenido sin perder la esencia de tu marca personal. Eso sí, se requiere inteligencia emocional para no volverte esclavo de lo que diga el algoritmo. A veces, la inteligencia humana tiene que prevalecer por encima de la artificial, sobre todo cuando hablamos de temas delicados o si queremos transmitir algo que se sale de las métricas tradicionales. Al fin y al cabo, una marca personal no vive únicamente de likes, sino también de la conexión genuina con la audiencia.

Por otro lado, es esencial recordar que la IA es fantástica para automatizar, pero no para sustituir completamente la calidez que los seguidores suelen buscar en quien admiran o de quien aprenden. Todos hemos visto a influencers que se convierten en máquinas de contenido, soltando cuatro posts al día, sin que se note rastro de un toque humano. Esto puede cansar a la audiencia, que siente que esa persona se ha vuelto más una "productora de contenido" que alguien real. Por lo tanto, la recomendación para construir una marca personal con IA es: úsala como trampolín, no como reemplazo. Delegar en la IA la tarea de generar ideas iniciales, analizar datos, sugerir horarios de publicación y redactar borradores es genial, siempre y cuando tú intervengas en la última milla para inyectar esa calidez que hace que la gente te siga por ti, y no por la perfección robótica de tus posts.

Si queremos resumir herramientas útiles para automatizar la interacción, una primera opción es ManyChat, un chatbot que puedes configurar en Instagram o Facebook para saludar a tus seguidores, dar la bienvenida a quienes te escriben por primera vez y contestar preguntas típicas, tipo "¿Cuándo es tu próximo directo?" o "¿Cómo me apunto a tu taller?" Además, Zapier o Make te permiten integrar varias aplicaciones: por ejemplo, si alguien te menciona en Twitter, podrías configurar que se dispare un mensaje privado con un enlace de cortesía, algo que te distinga en la respuesta. Con IA, puedes hasta programar respuestas con tu "tono de marca", siempre limitándolas a las interacciones ligeras, claro.

Otra herramienta interesante es la que combina análisis de sentimiento (sentiment analysis) con tus menciones en redes, de modo que la IA te indique si, cuando hablan de ti, lo hacen de forma positiva, neutra o negativa. Así, puedes reaccionar más rápido si algo está generando molestia entre tus seguidores (un post mal interpretado, un chiste que no hizo gracia, etc.). El objetivo no es convertirte en un obsesivo de la opinión pública, pero sí prevenir crisis innecesarias.

En cuanto a monetización, muchas figuras públicas se apoyan en la IA para ofrecer recursos o servicios a su comunidad sin que ellos tengan que estar dando soporte manual todo el día. Por ejemplo, un influencer de la productividad puede vender un pack de "plantillas inteligentes" hechas con IA para planificar rutinas diarias, con recordatorios automáticos y consejos basados en el progreso del usuario. Una coach de relaciones puede ofrecer una suscripción mensual a un canal VIP donde un chatbot empatiza con los miembros, les da frases motivadoras y les sugiere ejercicios de autoconocimiento, mientras la coach se centra en consultas más profundas y personalizadas. Eso sí, la comunicación en estos niveles de monetización requiere absoluta transparencia: explica siempre que la IA es un asistente y no tu clon. La gente no se molestará, al contrario, apreciará saber en qué momento está interactuando con un humano y en cuál con una herramienta inteligente.

Cuando combinas ese potencial de la IA con tu marca personal, el crecimiento puede ser exponencial. Tus redes se vuelven un entorno más vivo y no depende de que tú estés pegado al móvil 24/7. Además, si lo gestionas bien, evitas el burnout, esa saturación que sufren quienes hacen de su día a día un continuo actualizar historias y responder DMs. El fin último de usar IA es, paradójicamente, que tú tengas más tiempo para la creatividad y para cuidar tu salud mental, a la vez que atiendes a tu comunidad.

Por supuesto, habrá quienes tengan miedo de perder autenticidad. Ahí es donde insisto en la idea de que el toque humano se mantiene, pero se apoya en la tecnología para no colapsar. El público valora la inmediatez y la constancia, y eso la IA lo brinda. Pero también valora la cercanía real, y ahí es donde intervienes con mensajes personalizados, directos de video, lives en los que hablas cara a cara con la gente y muestras que eres un ser de carne y hueso que a veces se equivoca y que puede reírse de ello. Porque una marca personal creíble no es aquella que lanza 50 posts al día, sino la que conecta a un nivel emocional y mantiene la coherencia en su discurso, su estilo y sus valores.

Como colofón, tengamos presente que los ejemplos de influencers, coaches y especialistas que triunfan con la IA no son el cuento de hadas de "pones un bot y te haces millonario en una noche". Todos ellos han invertido tiempo en conocer las herramientas, en configurar y en supervisar. Cuentan que al principio hubo errores graciosos: un bot que se ponía a hablar de la teoría del Big Bang a un usuario que solo preguntó si "el brownie es apto para diabéticos", o generadores de contenido que repetían la misma broma cansina en diez posts consecutivos. Pero, con paciencia y ajustes, lograron una armonía entre lo que la IA hace y lo que ellos, como dueños de la marca, desean comunicar. El resultado es un ecosistema que refuerza la presencia online, facilita la vida y, sí, se traduce en más ingresos, patrocinios, ventas de productos digitales y patrocinios con marcas interesadas en su audiencia.

En síntesis, la IA y la construcción de marca personal están unidas por un objetivo común: destacar en un mar de información, pero hacerlo de manera genuina. El contenido inteligente, la gestión de redes y la optimización de la comunicación con tus seguidores no están reñidos con mantener el calor humano y la espontaneidad que definan quién eres. Se trata de usar la tecnología como un amplificador de tu voz, no como un sustituto de ella. Y cuando logras esa combinación, tu marca personal brilla con una luz distinta, alcanzando a más personas sin que pierda su autenticidad. Así pues, la próxima vez que dudes en si subir tu post nocturno o dormir un par de horas más, recuerda que hay un chatbot esperándote para aliviarte parte del trabajo y tú solo tienes que poner el ingrediente secreto: tu esencia. ¡A brillar!

CAPÍTULO 8: ASPECTOS LEGALES Y ÉTICOS EN LA IA

En el vertiginoso mundo de la inteligencia artificial, solemos entusiasmarnos con sus múltiples aplicaciones, la eficiencia que brinda y la posibilidad de lanzar proyectos que pintan para cambiar el juego en la economía digital. Sin embargo, hay un terreno en el que debemos andar con pies de plomo: el de los aspectos legales y éticos. Muchos emprendedores, en su afán de subirse a la ola de la IA, se olvidan de revisar cómo se gestiona la información que recopilan, cómo sus modelos toman decisiones y en qué medida están respetando la privacidad de las personas. Y, como suele pasar con lo legal y lo ético, uno no se da cuenta de su relevancia… hasta que surgen problemas.

Imagínate que desarrollas un sistema inteligente para filtrar currículums, lo lanzas con toda la ilusión, y a las dos semanas tienes un alud de reclamaciones porque el modelo está, sin saberlo, discriminando a candidatos de cierta edad o ascendencia. O supón que creas una app que analiza datos de salud y termina saltándose leyes de protección de datos, exponiéndote a fuertes multas. Sin duda, el lado menos glamuroso de la IA aparece cuando hay que responder a un abogado o a un organismo regulador que te pregunta: "A ver, ¿usted por qué está guardando esta información personal, y qué hace con ella?" Para que no te suceda nada de esto (o al menos, para que lo tengas muy claro), en este capítulo profundizamos en las regulaciones a tener en cuenta según tu país o región, la importancia de la transparencia y la protección de datos, y cómo evitar sesgos y malentendidos que podrían arruinar tu reputación.

Regulaciones según el país o la región: un baile de siglas y normativas

Lo primero que hay que entender es que no existe una ley universal que te diga: "haz esto y listo." Cada país o región se rige por sus propias normas, y en algunos lugares, la legislación sobre IA sigue en construcción. Aun así, hay algunas pautas generales que podemos mencionar.

- Unión Europea (UE): Probablemente hayas escuchado hablar del famoso GDPR (Reglamento General de Protección de Datos), que es ya casi como una celebridad en el entorno digital. Su idea básica es la protección de los datos personales de los ciudadanos europeos, y obliga a las empresas y proyectos que los manejen a recabar consentimiento expreso, informar con claridad qué datos recogen y para qué, y permitir que los usuarios puedan modificar o eliminar dicha información. Si tu IA recopila datos de usuarios en Europa, más vale que te familiarices con el GDPR y sus requisitos, porque las multas pueden llegar a ser muy elevadas (sí, tanto que podrías terminar pidiéndole a la IA que te ayude a pagar la deuda).

- Estados Unidos: La legislación varía por estado, pero en general existe un mosaico de normativas sobre privacidad, como la CCPA (California Consumer Privacy Act), muy parecida al GDPR en algunos puntos. Además, sectores específicos como la salud (HIPAA) o las finanzas tienen reglas propias. Si tu negocio de IA maneja información médica de estadounidenses, por ejemplo, tendrás que asegurarte de cumplir con HIPAA y establecer medidas de seguridad para no compartir datos sin consentimiento.

- Latinoamérica: Países como México, Argentina, Chile o Brasil también han emitido leyes sobre protección de datos personales. Por ejemplo, en México está la LFPDPPP (Ley Federal de Protección de Datos Personales en Posesión de los Particulares), y en Brasil la LGPD (Lei Geral de Proteção de Dados). Ambas, en esencia, establecen obligaciones similares: transparencia, consentimiento, posibilidad de rectificar datos y sanciones si no cumples.

- Asia: China e India poseen regulaciones crecientes en materia de datos y ciberseguridad, con un énfasis muy fuerte en el control gubernamental. Japón y Corea del

Sur también tienen marcos legales específicos para la protección de datos.

La moraleja es clara: identificar en qué mercados tendrás usuarios (o de dónde provienen los datos que usas en tu IA) y conocer la normativa que aplica allí. Quizá tu negocio solo opere localmente, pero es mejor que sepas si hay algún tratado o acuerdo internacional que te obligue a cumplir con normas extranjeras. Y un consejo: si no tienes la menor idea de por dónde empezar, busca un abogado que entienda de derecho tecnológico, o al menos, échale un ojo a los resúmenes y guías prácticas que suelen publicar las propias instituciones reguladoras.

La importancia de la transparencia en el manejo de datos

A la gente, seamos francos, le aterra la idea de que "algo" (sea un gobierno, una megaempresa o un emprendedor demasiado curioso) esté hurgando en su información personal. Por eso, la transparencia es crucial. Si implementas IA, lo más probable es que recolectes y proceses datos de manera masiva para entrenar modelos, generar perfiles de usuario o hacer análisis predictivos. Nada de esto tiene que ser algo turbio, siempre y cuando informes de manera clara y sencilla a los usuarios:

1. Qué tipo de datos recopilas: nombres, emails, direcciones IP, hábitos de navegación, etc.
2. Para qué los usas: entrenar tu sistema de recomendaciones, mejorar la precisión de un chatbot, etc.
3. Cuánto tiempo los guardarás y quién tendrá acceso a ellos: es decir, si van a un tercero, si los usas para fines de investigación, etc.

4. Cuál es el beneficio para el usuario: muchas veces, la gente se relaja si entiende que cede sus datos para obtener un mejor servicio. Pero ojo, no vale el "lo usamos para mejorar tu experiencia" sin más: sé específico.

En un mundo donde la mala praxis puede viralizarse en cuestión de horas, ser transparente es un escudo protector de tu reputación. Además, la confianza que generes entre tus usuarios será determinante para tu crecimiento a largo plazo. Imagínate que se corre la voz de que tu app no es clara con el uso de datos y que, en el peor de los casos, hay quien sospecha que los vendes a terceros sin avisar. Tu IA puede ser la más maravillosa del planeta, pero habrás perdido credibilidad. Y la credibilidad, como dicen, se tarda años en construir y segundos en desmoronarse.

Sesgos en los modelos de IA: cuando el robot se vuelve un poco "prejuicioso"

Otro gran tema ético es el de los sesgos (bias) en los modelos de inteligencia artificial. Por desgracia, estos algoritmos se basan en datos históricos, y si esos datos contienen desigualdades o prejuicios, la IA los hereda. ¿Ejemplos? Un sistema de selección de personal que, sin querer, favorece a hombres sobre mujeres porque en los datos históricos, las mujeres tenían menos puestos altos, y el algoritmo asume que "el mejor candidato" es aquel que se parece a los perfiles contratados antes. O un software de detección facial que, por no haber sido entrenado con suficiente variedad de tonos de piel, tiene dificultades para reconocer a personas con tez oscura. Estos sesgos no solo son injustos, sino que te pueden meter en problemas legales y de imagen.

¿Cómo evitarlos? Pues, en primer lugar, cuidando la diversidad y calidad de los datos con los que entrenas tu IA. Si recopilas información de una sola fuente o de un grupo muy homogéneo, es probable que estés metiendo el sesgo con calzador. En segundo lugar, valida los resultados de tu modelo con diferentes grupos demográficos. Existen métricas y metodologías específicas para medir el "fairness" (equidad) de un sistema de IA. Lo ideal es que, de cuando en cuando, audites tu propio algoritmo para ver si hay desbalances. Por último, no olvides implicar a humanos en la supervisión, sobre todo en decisiones delicadas (como aprobación de créditos, contratación, etc.). A veces, un ojo humano puede detectar una recomendación o resultado injusto. La IA puede ser muy lista, pero no tiene la conciencia ni la empatía para percatarse de que está promoviendo desigualdades.

Malentendidos con los clientes: "Pero la IA me dijo otra cosa"

En la interacción con usuarios, también es esencial prevenir malentendidos. Por ejemplo, si empleas un chatbot que resuelve dudas sobre tu producto, y en algún momento suelta una respuesta equivocada o inadecuada, el usuario podría llegar a pensar que es tu posición oficial. Para evitarlo, deja claro que la IA es una herramienta de asistencia. Muchos optan por firmar las respuestas del bot con un distintivo tipo "Asistente Virtual" y, si la pregunta es compleja, se redirige al soporte humano. Esta transparencia evita situaciones donde un cliente jura y perjura que "la empresa dijo tal cosa", y luego descubres que en realidad fue un error del modelo.

Otra práctica sana es incluir una especie de descargo de responsabilidad en secciones como "Términos y condiciones" o "Acerca de nosotros", indicando que, aunque la IA ofrece información y recomendaciones, la decisión final recae en el usuario y que, si se trata de cuestiones legales, médicas o financieras, siempre debe consultarse con un profesional acreditado. Suena aburrido, pero te ahorra la pesadilla de un cliente que, por fiarse ciegamente de la IA, toma una decisión desastrosa y luego quiere culparte.

Buenas prácticas para el uso de información privada

Hasta ahora, hemos hablado de la importancia de la transparencia y la equidad, pero también hay que poner foco en cómo asegurar la privacidad de los datos que manejas. Estas son algunas buenas prácticas que conviene tener en cuenta:

1. Recolecta solo lo necesario: no te conviertas en un "acumulador" de datos. Si tu IA no necesita saber la altura de la persona o su plato favorito para funcionar, no lo pidas. Reducir la cantidad de datos disminuye el riesgo de fugas y simplifica el cumplimiento legal.
2. Encripta la información sensible: utiliza protocolos seguros (HTTPS en tus formularios web, cifrado en tus bases de datos) para que, si alguien intercepta o extrae la información, no pueda leerla fácilmente.
3. Control de acceso: define con cuidado quién puede ver o manipular esos datos. Si tienes un equipo, no todos necesitan acceso a la base de datos completa. El principio de "menor privilegio" dicta que cada uno tenga solo los permisos estrictamente necesarios.
4. Mantén registros y auditorías: es útil contar con bitácoras de quién consultó o modificó ciertos datos en un momento dado. Así, si hay una brecha o un uso indebido, podrás rastrear la causa.
5. No retengas datos eternamente: establece un plan de "retención y borrado" de datos. Por ejemplo, si la ley te obliga a conservarlos durante un año, pasado ese

tiempo, elimínalos o anonimízalos. Dejar los datos guardados "por si acaso" te expone a riesgos innecesarios.

6. Anonimización y seudonimización: si tu IA requiere analizar información pero no necesita saber la identidad exacta de la persona, puedes reemplazar los datos sensibles por identificadores anónimos. Así, la IA sigue aprendiendo, pero no vincula la información a un individuo particular.

7. Capacita a tu equipo: de nada sirve tener políticas de privacidad si tu personal o colaboradores no las conocen. Organiza sesiones formativas para explicar los procedimientos y la importancia de cumplirlos.

La ética como pilar de la reputación

Las startups tecnológicas a menudo se enfrascan en la aventura de crecer, alcanzar métricas increíbles y enamorar inversionistas. Pero cada vez más, la ética se vuelve un factor clave a la hora de generar confianza. ¿Qué dice el público si se entera de que tu modelo de IA realiza prácticas discutibles, como manipular a los usuarios, infringir su privacidad o replicar estereotipos tóxicos? El golpe a tu reputación puede ser devastador. En cambio, si demuestras tu compromiso con la ética, la transparencia y el trato justo, la gente se sentirá tranquila usando tu servicio, y, con suerte, te recomendará a otros. A la larga, eso se traduce en un crecimiento estable y una marca que no necesita ocultarse tras cortinas de humo.

Por supuesto, a veces te encontrarás ante dilemas. Por ejemplo, ¿qué hacer si tus clientes exigen que reúnas más datos personales para mejorar el resultado del modelo, pero eso roza la línea de la invasión a la privacidad? ¿Hasta dónde llegar para personalizar la experiencia sin volverte un "Gran Hermano"?

Son preguntas complejas, y no hay respuestas universales, pero lo ideal es guiarte por los principios que, como emprendedor o responsable de un proyecto, establezcas desde el inicio. Un "código de ética" interno puede sonar pomposo, pero te sirve como brújula para tomar decisiones. Además, con tanta información y debate público sobre la IA, no faltan foros, seminarios o guías emitidas por organizaciones especializadas donde aprender y contrastar puntos de vista.

Mantén la vista en el horizonte regulatorio

La inteligencia artificial avanza a tal velocidad que las leyes tardan en alcanzarla. Muchas jurisdicciones están trabajando en propuestas de regulaciones específicas para la IA. La Unión Europea, por ejemplo, ha propuesto la Ley de Inteligencia Artificial (Artificial Intelligence Act), que podría imponer requisitos según el nivel de riesgo del sistema, desde usos "de bajo riesgo" hasta aquellos considerados "de alto riesgo", como el reconocimiento facial en espacios públicos o la evaluación de candidatos para empleo. Estas normativas probablemente influyan en todo el mundo, porque muchas empresas que quieren operar en Europa deberán cumplirlas. Así que mantente informado, ya sea siguiendo a expertos en derecho tecnológico, consultando a un abogado de confianza o revisando las noticias oficiales.

¿Significa esto que emprender con IA es un camino lleno de trabas legales? No necesariamente. Significa que, como con cualquier innovación potente, hay una serie de responsabilidades que asumir. Es parte del "precio" de aprovechar una tecnología tan influyente en la vida de las personas. Bien gestionada, la IA genera enormes beneficios para todos. Mal gestionada, puede derivar en discriminación, violación de la privacidad o manipulación digital. Y si algo hemos aprendido del mundo moderno es que la reputación (y la justicia) no se apiadan de quienes se descuidan en este ámbito.

Conclusiones: hacia una IA confiable y responsable

Para cerrar este capítulo, vale la pena recalcar que la ética y la legalidad no son un accesorio que pones al final para adornar tu proyecto de IA. Son parte integral de su diseño y su implementación. No esperes a tener el producto listo para decir: "Uy, ¿y ahora cómo cumplo con el GDPR? ¿Cómo demonios le explico a mis usuarios que he estado recolectando sus datos sin decírselo?" Lo apropiado es integrar estas consideracioncs dcsdc cl comicnzo, hacicndo un plan de gestión de datos que sea claro y que cumpla con las normas, auditando periódicamente el funcionamiento de tu modelo para evitar sesgos y estipulando en tus políticas de privacidad y términos de uso qué hace tu IA, cómo lo hace y con qué fines.

Lejos de ser un freno, la responsabilidad legal y ética puede ser un factor diferenciador que conquiste la confianza de tu público y hasta de tus potenciales inversores. Imagínate presentarte ante un socio o un fondo de capital y decir: "Hemos hecho que la transparencia y la equidad sean piedras angulares de nuestro sistema, y aquí tenemos la documentación que lo acredita." Suena mucho mejor que "Bueno, ahí estamos probando cosillas, sin prestar atención a las leyes, pero esperemos que nadie se entere."

La inteligencia artificial, como cualquier herramienta poderosa, conlleva un grado de responsabilidad. Hacer las cosas bien no solo evita sanciones y escándalos, sino que te mantiene en sintonía con los valores que quieres representar en tu negocio. Y aunque a veces parezca un tanto burocrático revisar reglamentos y redactar políticas, piensa en ello como un seguro que protege el futuro de tu proyecto y, de paso, te hace dormir más tranquilo por las noches (en lugar de rezar porque no te llegue una demanda sorpresa).

Así que, la próxima vez que tu IA te sorprenda con sus habilidades para procesar datos o predecir tendencias, recuerda darle el toque de cordura legal y ética: revisa la normativa aplicable, comunícale a tus usuarios qué estás haciendo y por qué, cuida la privacidad de su información y mantén un ojo en la posible aparición de sesgos. Esa combinación de tecnología y responsabilidad es la que hará de ti un emprendedor (o profesional) confiable y visionario, en un mundo donde la Inteligencia Artificial se está volviendo, cada vez más, el corazón de nuestras actividades cotidianas.

CAPÍTULO 9: MONETIZACIÓN AVANZADA. SUSCRIPCIONES, MEMBERSHIP SITES Y COMUNIDAD

Imaginar un grupo de personas dispuestas a pagar una suscripción mensual por lo que tienes que decir, enseñar o mostrar suena a la viva estampa de haber alcanzado la cumbre del emprendimiento digital: ingresos recurrentes, una comunidad fiel y, de remate, un cierto "estatus" de experto o proveedora de valor único. En este capítulo, te adentrarás en el mundo de las suscripciones, los membership sites y el poder de construir comunidades de pago, respaldadas por herramientas de IA que llevan la experiencia del usuario a un nivel superior. Se trata de una forma de monetización avanzada, sí, pero no por ello inalcanzable. De hecho, con la tecnología actual, cualquiera puede montar un membership site relativamente rápido. El truco está en diseñar una estrategia sólida, ofrecer contenidos verdaderamente valiosos y, por supuesto, aprovechar la inteligencia artificial para brindar una experiencia personalizada y genuina, sin morir en el intento.

La idea de los membership sites o comunidades de pago no es nueva. Desde hace años, existen clubes de suscripción (piensa en Netflix, o en gimnasios tradicionales que cobran una cuota mensual). Pero en el ámbito digital, y con la ayuda de la IA, estos modelos se han sofisticado. Lo que antes se limitaba a "pagas y accedes a mis videos" ahora puede incluir chatbots que responden dudas, recomendaciones automáticas de contenido en función de los intereses individuales y hasta comunidades interactivas donde los miembros conversan, se apoyan y crecen juntos. El potencial es inmenso, siempre y cuando tengas un plan claro. Vamos a sumergirnos en los pasos esenciales para crear tu membership site, revisando las plataformas, la integración de pagos y la forma de generar contenido exclusivo. Verás que no necesitas un master en ingeniería para lograrlo, sino más bien la determinación de construir un espacio de valor donde la gente quiera estar… y pagar por ello.

Primeros pasos: definir el tema, el valor y la propuesta
El primer interrogante al plantearte un membership site es: "¿Qué valor ofrezco que valga la pena una cuota mensual?" Puede ser tu experiencia en un campo muy específico, clases en vídeo, documentación especializada, o tal vez un ambiente virtual donde los miembros se sienten motivados, reciben

retroalimentación y se relacionan entre sí. También hay comunidades más lúdicas, donde la gente paga por contenido divertido o por estar cerca de creadores que admiran. Sea cual sea tu caso, la clave está en reconocer qué problema estás resolviendo o qué deseo estás satisfaciendo, y comunicarlo con claridad. Conviene que el lector piense: "Si soy parte de esta comunidad, obtengo exactamente esto que no podría encontrar gratis por ahí."

Igualmente, define si tu sitio será más "unidireccional" (tú compartes material y el público lo consume) o si deseas algo más interactivo (un foro, sesiones en vivo, chat grupal, etc.). Ambos formatos pueden funcionar, pero los membership sites más exitosos suelen dar cierta sensación de "familia digital", donde la gente se siente parte de un club exclusivo.

La elección de la plataforma: no reinvents la rueda
Una vez claro lo que vas a ofrecer, llega el momento de decidir dónde alojar tu membership site. Hay varias opciones, desde las totalmente "hazlo-tú-mismo" con WordPress, hasta las plataformas especializadas tipo Kajabi, Teachable o Mighty Networks, pasando por Patreon o Podia, que facilitan la creación de suscripciones. Todo depende de tu presupuesto, de tu afinidad técnica y de la experiencia que quieras brindar.

Si optas por WordPress, hay plugins como MemberPress, Paid Memberships Pro o Restrict Content Pro, que te permiten restringir áreas solo para suscriptores, gestionar distintos niveles de membresía y configurar pasarelas de pago. Estos plugins suelen ofrecer opciones de integración con herramientas de correo electrónico y, en algunos casos, compatibilidad con bots de IA, aunque podrías requerir servicios adicionales o un poquito de picardía técnica para lograrlo. Por otro lado, si prefieres no lidiar con toda la configuración, sitios como Teachable o Kajabi te dan un entorno ya preparado para subir vídeos, documentos, foros y asignar cuotas mensuales, sin que debas ser un "manitas" de la programación. Lo mismo con Mighty Networks, que se centra mucho en la interacción de la comunidad, generando espacios de conversación y subgrupos.

Una recomendación: antes de casarte con una plataforma, analiza las necesidades de tu proyecto y echa un ojo a los costos. Hay plataformas que cobran una comisión por cada transacción, otras te piden una cuota fija mensual. Toma en cuenta que necesitarás integrar una pasarela de pago segura y que ofrezca diversos métodos: tarjeta, PayPal, etcétera. A la gente no le hace gracia complicarse a la hora de pagar; si se topa con dificultades, lo más probable es que se vayan sin concretar.

Creando tu estructura de suscripción
Una vez seleccionada la plataforma, piensa en cómo estructurarás tus planes. ¿Vas a tener un solo plan donde todo está incluido, o varios niveles (por ejemplo, uno básico y otro premium con ventajas extra)? Muchas comunidades optan por el modelo de "Plan Básico" y "Plan VIP". El plan básico suele incluir acceso al contenido principal, mientras que el VIP añade sesiones en directo, consultorías grupales o una biblioteca de recursos exclusivos. No te pases con los escalones, ya que podrías confundir a tu audiencia. Lo ideal es mantenerlo sencillo: una o dos opciones de suscripción claras y con beneficios bien delineados.

Ahora bien, ¿qué pasa cuando el usuario paga? En un membership site típico, se crea una cuenta a su nombre y, con eso, se "desbloquean" los contenidos, foros o chat privados.

Esto se gestiona de forma automática a través de la plataforma elegida. Por eso la elección de la plataforma es tan importante: la experiencia del usuario debe ser fluida, sin tener que buscar manualmente cada cosa.

Generación de contenido exclusivo: la gasolina de tu membresía

Una vez que el lector paga, espera recibir algo que justifique la cuota. Ahí es donde entra en juego la constancia y la calidad del contenido exclusivo. Puede ser un newsletter semanal con artículos más profundos que los que publicas en tu blog público, vídeos tutorizados sobre un tema, plantillas descargables, libros electrónicos, pódcasts premium, en fin, todo lo que tu imaginación y tu expertise te permitan. La idea es que, si ya vendes cursos o contenidos, este membership site agrupe ese material en un lugar cómodo, con la promesa de actualizaciones regulares y la posibilidad de que los suscriptores planteen dudas o sugerencias.

Ahora, hablemos de la parte emocionante: cómo la inteligencia artificial puede ayudarte a producir, organizar y personalizar esos contenidos sin volverte loco. Supón que estás creando tutoriales de cocina. La IA puede sugerirte recetas según las preferencias que detectes en tu comunidad. O, si tu nicho es el desarrollo personal, tu chatbot puede recopilar los temas que más mencionan los usuarios en el foro y proponerte artículos para la semana siguiente. Así no te quedas con la mente en blanco o, peor aún, generando contenidos que no interesan. Además, puedes utilizar herramientas de generación de texto para redactar borradores, guías, materiales de estudio, y luego darles tu toque humano, garantizando que sigan manteniendo esa calidez que te caracteriza. En vez de dedicar horas a la documentación inicial, la IA te allana el camino para que tú pulas y personalices.

Automatización de la entrega y recomendaciones con IA
Aquí entra en juego una de las mayores ventajas de la IA: la personalización dinámica. Imagina que cada miembro de tu comunidad, al registrarse, rellene un breve formulario sobre sus intereses, nivel de conocimientos, y objetivos personales. Basado en esa información, un algoritmo puede sugerirle desde el primer día qué contenidos le convienen más, qué foro temático visitar, o incluso enviarle emails automáticos con rutas de aprendizaje. Y sí, todo esto puede configurarse. No hace falta ser un supergurú para usar herramientas de marketing automatizado, como ActiveCampaign o ConvertKit, que integran IA para segmentar tu audiencia.

Asimismo, un chatbot inteligente integrado en tu membership site puede contestar preguntas frecuentes, guiar a los nuevos usuarios y, si detecta que la pregunta es compleja, derivarla a ti o a tu equipo. El truco está en entrenar ese chatbot con tus contenidos base para que reconozca los temas y dé respuestas coherentes. Si tu comunidad versa sobre desarrollo web, por ejemplo, el bot podría enlazar a artículos o cursos dentro de la plataforma, según la duda que plantee el usuario. Esto crea la sensación de que tu comunidad está "viva" y a disposición a cualquier hora, sin tener que sacrificar tu descanso ni tu cordura revisando el foro cada tres minutos.

Potenciando la comunidad: el factor humano (sí, humano)
Aunque la IA sea impresionante, no olvides que un membership site triunfa cuando se establece un lazo humano entre sus integrantes. De nada sirve un catálogo extenso de contenidos si no hay conexión, interacción o diálogo. Por eso, la mayoría de estas comunidades integran un foro, un grupo

privado en redes sociales o un chat interno donde los suscriptores pueden intercambiar opiniones y sentirse acompañados. La inteligencia artificial puede ayudar a moderar un poco los debates (detectar palabras tóxicas o spam), pero la calidez de una comunidad real nace del trato directo, de los eventos en vivo, de las rondas de preguntas y respuestas en las que la gente ve tu cara (o al menos, oye tu voz) y sabe que estás presente.

Esa cercanía es la que sostiene las suscripciones a largo plazo, porque un sitio al que entras una vez y descargas unos PDFs puede no retenerte mes a mes. En cambio, si sientes que eres parte de algo, que tienes un grupo de apoyo con metas comunes, te lo piensas dos veces antes de cancelar el pago. Es un balance: la IA te quita tareas repetitivas, te permite entregar recomendaciones personalizadas y sacar provecho de datos, pero tú pones ese toque especial de anfitrión, facilitador y líder de la comunidad.

Formas de cobrar y pasarelas de pago integradas
Para monetizar, obviamente necesitas cobrar. Por lo general, las plataformas ya mencionadas (tipo WordPress con plugins especializados, Kajabi, Podia, etc.) traen integraciones con Stripe, PayPal u otros servicios. Así, tu miembro potencial introduce su tarjeta, se crea una suscripción y se renueva automáticamente cada mes (o el periodo que hayas configurado). En muchos casos, la plataforma envía recordatorios para que el usuario sepa que se acerca la renovación, y si éste decide cancelar, el acceso al contenido se revoca de forma automatizada.

Una práctica recomendable es ofrecer un periodo de prueba o un producto "gancho", como un eBook o mini-curso, para que la gente conozca la calidad de tu trabajo antes de comprometerse con la suscripción recurrente. Algunos emprendedores hacen una campaña de prelanzamiento con un precio especial para los primeros miembros, generando así un efecto de urgencia. "Sé de los primeros 50 en unirte a mi club, con un 30% de descuento de por vida." Esta técnica funciona, pero cuidado con malacostumbrar a la audiencia con descuentos eternos. Define una estrategia clara y sé coherente.

Precio y estrategia de retención
El monto de la suscripción siempre es un dilema. ¿Pones algo bajo para masificar o alto para enfocarte en un nicho exigente que pague más? Eso depende de tu posición en el mercado y el tipo de contenido que ofrezcas. Un membership sobre recetas caseras quizá no pueda cobrar lo mismo que uno enfocado en inversión en bolsa, por poner un ejemplo extremo. Lo importante es que encuentres el punto donde el suscriptor perciba un valor superior al coste. Si el precio es muy bajo, podrías terminar con miles de usuarios que te generan una pequeña ganancia, pero te demandan mucho soporte. Si es muy alto, podrías tener menos gente pero un mejor margen. A veces hay que hacer pruebas, y la IA te puede ayudar analizando patrones de compras, abandonos y retroalimentación, para que ajustes la tarifa con datos en la mano.

La retención es otro tema vital. El usuario puede cansarse y cancelar la suscripción si no ve novedades o si se siente poco atendido. Por ello, es recomendable planear un calendario de contenidos que se actualice constantemente, o actividades mensuales como webinars en directo, retos grupales o invitaciones a expertos externos que den un plus de conocimiento. También es clave enviar encuestas automáticas usando la IA para recopilar opiniones. Si detectas que muchos se quejan de la falta de interacción, sabrás que debes fomentar más eventos. Si ven que hay demasiado material y se abruman, tal vez conviene agruparlo o secuenciarlo para que sea más digerible.

IA para la personalización: un Netflix a tu medida

Un aspecto cada vez más popular en los membership sites es la recomendación de contenido tipo "Netflix". Esto es, el sistema sugiere qué curso, documento o conversación del foro te puede interesar, basándose en tu historial de navegación y tus interacciones previas. Implementar esta función no es imposible, aunque sí requiere un mínimo de configuración. Hay APIs de recomendación que puedes integrar, o módulos que generan recomendaciones basadas en algoritmos de machine learning. Al final, el usuario siente que la plataforma "lo conoce", mostrándole justo lo que le interesa. Y cuando el cliente percibe que la experiencia está personalizada, la probabilidad de mantenerse suscrito aumenta.

Por ejemplo, supongamos que tu membership site es sobre fotografía. Si la IA detecta que un miembro ve muchas lecciones relacionadas con retratos y no ha tocado nada de fotografía de paisajes, puede sugerirle nuevas clases sobre retratos avanzados o invitarlo a un webinar con un especialista en retratos. Así, en lugar de soltarle todo el catálogo de forma genérica, le presentas lo más relevante en portada, dándole la sensación de que su progreso importa y que el sitio responde a sus preferencias.

Comunidad y gamificación

Un truco interesante para tus suscriptores es la gamificación: otorgarles puntos, insignias o logros por participar, comentar o completar cursos. La IA puede registrar esta actividad, otorgar insignias automáticas y subirlos de nivel en la comunidad. No subestimes el poder motivador de un sistema de logros. Muchos usuarios se pican al ver que pueden desbloquear recompensas o reconocimientos ante los demás miembros. Eso sí, hazlo con criterio: no conviertas tu comunidad en un concurso interminable de quién da más clics. Lo esencial es que los logros estén alineados con el aprendizaje y la interacción de valor.

Para reforzar la cercanía, puedes organizar reuniones virtuales periódicas, o incluso presenciales si la comunidad está concentrada en una ciudad. La IA, otra vez, ayuda al mandar invitaciones personalizadas según la zona geográfica de cada miembro o su historial de asistencia a eventos previos. Cada detalle cuenta para que la gente sienta que no es un número, sino un miembro valioso de un grupo.

Casos de éxito: influencers y expertos que monetizan su conocimiento

Existen incontables ejemplos de personas que han convertido su pasión en una comunidad de pago. Desde maestros de yoga que suben nuevas rutinas cada semana y hacen sesiones grupales en Zoom, hasta influencers de fitness que ofrecen rutinas de ejercicio personalizadas (soportadas por IA que analiza la data del usuario) y motivación constante. También coaches empresariales que, en vez de dar consultorías individuales todo el día, reúnen a sus clientes en un membership site donde cada mes hay videoconferencias, plantillas descargables y un chatbot que responde dudas básicas de marketing.

Lo que todos ellos comparten es una visión de largo plazo: la comunidad no se construye de la noche a la mañana, pero una vez establecida, se convierte en una fuente recurrente de ingresos y en un ecosistema que crece orgánicamente con la participación de los miembros. Y sí, en un mercado tan competitivo, la IA se transforma en tu aliada para no descuidar la parte humana, automatizando lo repetitivo y dándote tiempo para conectar con la gente.

El reto de mantenerse actual

La palabra "actualizar" es clave en un membership site. La gente paga para estar al día, aprender o mantenerse informada en un tema en constante evolución. Si tu contenido se estanca y dejas pasar meses sin novedades, la tasa de cancelaciones subirá. Es recomendable crear un plan de publicación a mediano plazo: cada cierto tiempo, subes nuevos vídeos, artículos o actividades para mantener el entusiasmo. Y para no volverte loco, la IA te respalda en la generación de ideas o la recopilación de datos relevantes. Por ejemplo, si tu tema es criptomonedas, las herramientas de análisis automatizadas pueden rastrear las últimas noticias y tendencias, permitiéndote preparar contenido fresco sin revisar manualmente mil portales.

Si además añades la función de chat en tiempo real, donde tu asistente virtual contesta preguntas comunes y las dirige a ti en caso de necesitar un toque más personalizado, la experiencia gana en inmediatez. Eso sí, no olvides que siempre habrá usuarios que quieran el trato "premium" directo contigo. Sé claro en los límites: la IA no puede sustituir completamente la asesoría o el feedback personal, pero sí aligerarte el trabajo.

En busca de la fórmula mágica (spoiler: no existe)

Mucha gente cree que abrir un membership site es la fórmula mágica para ganar ingresos pasivos sin esfuerzo. La realidad es que, aunque puede ser muy lucrativo, requiere dedicación, planificación y un enfoque al cliente bastante cuidadoso. Si lo comparas con los ingresos de un infoproducto puntual (por ejemplo, vender un eBook), un membership site te da la ventaja de cobrar mes a mes, pero a cambio de mantener el compromiso con tu comunidad. Es una relación a largo plazo, casi como un noviazgo digital: si descuidas a la otra parte, adiós suscriptor.

Además, la IA te facilita la vida, pero no lo hace todo por ti. Aun con chatbots y automatizaciones, tendrás que revisar la actividad de vez en cuando, responder personalmente a algunos comentarios o dirigir sesiones en vivo. Dicho esto, la posibilidad de contar con una base de usuarios recurrentes y felices es muy atractiva, pues te da estabilidad financiera y te permite seguir creciendo, reinvirtiendo en más contenido, colaboraciones o eventos.

Cómo medir el éxito y evolucionar
Para saber si tu membership site está funcionando, no basta con ver cuántos suscriptores tienes. Debes vigilar la tasa de retención (cuántos se van quedando mes a mes), la participación en foros o eventos, las referencias que hacen a otros amigos, y la satisfacción general. La IA puede echarte una mano analizando las conversaciones o reacciones, y clasificarlas por sentimiento (positivo, neutro, negativo). Así detectas puntos de fricción, incluso antes de que se vuelvan un problema mayor.

Conforme crezcas, podrías plantearte subir el precio o lanzar planes corporativos (si tu nicho lo permite). También puedes explorar colaboraciones con otras comunidades afines y hacer "cross promotion". Lo bueno de un membership site es que, si tu contenido es bueno y la gente se siente cuidada, el efecto "boca a boca" puede disparar tu alcance.

En síntesis: un espacio de valor, dinamizado por la IA Armar una comunidad de pago no es solo cuestión de "meter barreras de pago" y rezar para que la gente se suscriba. Requiere una propuesta clara, una plataforma adecuada y un contenido de calidad que se renueve con frecuencia. La IA se convierte en tu aliada para automatizar procesos, ofrecer recomendaciones personalizadas y atender a la gente en todo momento, sin sacrificar tu cordura. Lo importante es mantener ese toque humano que hace que las personas se sientan realmente parte de algo especial.

Ya sea que inicies con un pequeño grupo de beta-testers o lances una gran campaña de captación, lo esencial es la coherencia: cumplir las promesas de valor, interactuar, aprender de las métricas y ajustar tu estrategia. Y no olvides divertirte por el camino. Cuando creas una comunidad de pago alrededor de una pasión o conocimiento, puede transformarse en una experiencia gratificante, tanto en lo económico como en lo personal, al saber que estás ayudando a la gente y que ellos te apoyan a ti de manera recurrente.

Si tienes dudas, plantéate una pregunta sencilla: "¿Pagaría yo mismo por este contenido o experiencia?" Si la respuesta es sí, adelante. Si dudas, refina tu propuesta hasta que creas que vale la pena cada centavo. Con esa convicción, y con la IA echándote un cable, es muy probable que tu membership site florezca y se convierta en un pilar sólido de tu estrategia de monetización avanzada. ¡Manos a la obra!

CAPÍTULO 10: PLAN DE MARKETING DIGITAL APALANCADO EN LA IA

Planificar tu marketing digital sin aprovechar la inteligencia artificial sería como viajar en un barco de vela con el viento a favor pero negándote a abrir las velas. La IA se ha convertido en un pilar indispensable para quienes desean ir más allá de la intuición y tomar decisiones basadas en datos, patrones de comportamiento y predicciones certeras. En lugar de confiar únicamente en la suerte, hoy es posible segmentar audiencias con precisión, diseñar campañas personalizadas y ajustar cada euro invertido para que rinda al máximo. A continuación, encontrarás un recorrido por los pasos esenciales de un plan de marketing digital apalancado en la IA, desde la búsqueda de audiencia y la segmentación, hasta el análisis avanzado del ROI y la optimización de tus campañas.

Primero, define con absoluta claridad a quién quieres llegar. Puedes tener un producto maravilloso, pero si no hablas el lenguaje de quien verdaderamente lo necesita, el esfuerzo se diluye. Aquí es donde la IA te echa una mano al procesar grandes volúmenes de datos demográficos y de conducta online. Plataformas como Facebook Ads, Google Ads o incluso herramientas de email marketing incorporan algoritmos que te sugieren audiencias según tus objetivos. Puedes obtener información sobre las edades, intereses, ubicaciones y dispositivos que utilizan las personas más proclives a comprar lo que ofreces. La clave es que no te limites a una segmentación superficial: profundiza en las razones que explican por qué cierto grupo responde mejor que otro. La IA detecta patrones (por ejemplo, el tipo de palabras clave que disparan conversiones), pero tú debes interpretarlos y decidir el mensaje emocional que encaja con esos patrones.

Una vez identificada tu audiencia, conviene diseñar la propuesta de valor y los mensajes de tus campañas. De poco sirve segmentar bien si tu anuncio suena genérico. En este punto, la inteligencia artificial puede ayudarte generando ideas de copy o creatividades iniciales, sobre todo si dispones de herramientas de generación de textos, pero no olvides revisar a conciencia lo que producen. La IA puede ser rápida y creativa, pero no siempre capta matices culturales, ironías o tu estilo personal. Debes pulir esos borradores para que la comunicación se sienta humana y auténtica. Una vez que tengas tus anuncios preparados, configura tus campañas en las plataformas elegidas, ya sea Google Ads para búsquedas y display, redes sociales para segmentaciones basadas en intereses y hábitos, o incluso marketplaces como Amazon si vendes productos tangibles.

El siguiente paso consiste en lanzar las campañas y medir lo que sucede. Es fundamental que tengas instalados los píxeles de seguimiento, como el de Facebook o el de Google Analytics, y que configures objetivos claros: compras, suscripciones, clics en un enlace específico, etcétera. La IA entra en acción cuando revisas los paneles de control y las sugerencias que te ofrecen para optimizar la puja o reenfocar la segmentación. Plataformas como Google Ads ya integran algoritmos que calculan, en tiempo real, cuánto debes pujar para determinadas palabras clave, o qué audiencia es más rentable a ciertas horas del día. En redes sociales, la IA ajusta tu presupuesto de forma automática hacia los grupos con mejor respuesta, siempre que actives la optimización automática de conversiones. No te resignes a dejarlo todo en piloto automático. Es aconsejable revisar los resultados regularmente y comparar lo que la IA te sugiere con lo que tu sentido común te indica. Si notas que una campaña está generando clics pero no ventas, revisa el embudo de conversión y, si hace falta, cambia la segmentación o la pieza creativa.

La analítica desempeña un papel crucial. Gracias a la IA, no solo ves cuántos clics y conversiones hay, sino que puedes profundizar en la ruta que sigue el usuario hasta comprar (o no comprar). Herramientas como Google Analytics o sistemas más avanzados de data science te muestran comportamientos de navegación, tiempo en el sitio, páginas vistas y embudos de abandono, con la posibilidad de desglosar todo esto por segmentos tan específicos como "usuarios de 25 a 34 años que vienen de anuncios en móviles". El verdadero poder surge cuando aplicas algoritmos de machine learning para detectar correlaciones. Por ejemplo, podrías descubrir que cierto grupo de usuarios compra más cuando primero visita tu blog y luego hace clic en un retargeting mostrado al día siguiente. Detectar esos patrones marca la diferencia entre invertir sin ton ni son y diseñar un plan de acción que multiplique las conversiones.

El remarketing inteligente es otra pieza fundamental de la estrategia. Cuando un usuario visita tu web o tu app y no convierte, la IA registra su interés y prepara anuncios específicamente dirigidos a esa persona, recordándole los productos vistos o un incentivo especial. Este proceso ya se hacía sin IA, pero ahora los algoritmos pueden afinarlo: no envían los mismos anuncios de forma genérica a todos los visitantes, sino que reconocen, por ejemplo, quién abandonó el carrito de compra, quién solo vio la página de precios y quién llegó a la web pero se marchó en pocos segundos. Según el comportamiento, la IA te sugiere un anuncio u otro, e incluso un momento del día más adecuado para mostrarlo. El resultado es un remarketing mucho más personalizado y menos invasivo.

A medida que las campañas avanzan, llega el momento de evaluar el ROI (retorno de la inversión) y realizar optimizaciones. La IA te da métricas predictivas, es decir, no se limita a contarte lo que pasó, sino que te sugiere qué podría pasar si destinas más presupuesto a cierta campaña o si modificas el público objetivo. Plataformas como Facebook o Google utilizan datos históricos de tus campañas y de campañas similares para estimar cuántas conversiones podrías obtener, ofreciéndote una especie de simulación. Aquí, tienes la última palabra: puedes aceptar esas sugerencias o probar otra cosa si tu intuición y conocimiento del sector te dicen que conviene salirse del patrón. La magia está en combinar la capacidad analítica de la IA con tu visión de negocio, como si tuvieras un brazo derecho que trabaja con datos 24/7 mientras tú decides la estrategia final.

No olvides la importancia de la creatividad y el storytelling. Si bien la IA es genial para descubrir qué tipos de anuncios funcionan, el contenido mismo, la historia que cuentas, la voz de tu marca y el factor sorpresa siguen saliendo de la mente humana. La tecnología te dice qué camino parece más rentable, pero la forma de recorrerlo depende de tu carisma y de la capacidad de conectar emocionalmente con tu audiencia. Ten en cuenta que, hoy, muchas marcas compiten con estrategias similares, aplicando IA. La diferenciación vendrá de la fusión entre tu personalidad creativa y la precisión de los algoritmos.

La IA también puede ayudarte en la fase de fidelización. Imagínate que vendes un software por suscripción. Con la analítica, puedes saber quién está a punto de darse de baja porque no utiliza ciertas funcionalidades o porque no se ha conectado en semanas. La IA detecta ese comportamiento y dispara correos personalizados, ofreciendo tutoriales o descuentos para recuperar el interés. Esto te permite retener clientes y aumentar el tiempo de vida medio del usuario. Cuanta mayor sea tu base de datos y más información recopiles sobre el uso que hacen de tus productos, más podrá la IA identificar patrones de abandono o puntos de mejora. El resultado: intervenciones personalizadas en lugar de "disparar correos masivos a todo el mundo", un método mucho más eficiente y menos molesto para los destinatarios.

Otra dimensión clave es la comunicación en redes sociales. Aquí, la IA se utiliza para programar publicaciones en los momentos óptimos o para analizar la respuesta de la audiencia. Puedes usarla para identificar temas emergentes y unir tu marca a ciertas tendencias, siempre que tengas cuidado de no subirte a la ola de algo incompatible con tu imagen o valores. Por ejemplo, herramientas de escucha social analizan hashtags y menciones para encontrar oportunidades de interactuar con usuarios que podrían convertirse en clientes. Incluso, en Twitter, hay bots entrenados para detectar conversaciones relevantes y proponer respuestas automáticas. Eso sí, es conveniente supervisar siempre el tono para no parecer un robot sin alma o, peor aún, meter la pata con comentarios fuera de lugar.

A la hora de definir el plan de marketing digital de manera más sistemática, podrías estructurarlo en estos pasos: uno, un análisis interno y externo de la marca, donde aplicas IA para descubrir tendencias, competencia y oportunidades. Dos, el establecimiento de objetivos concretos (p.e. aumentar un 20% las ventas, conseguir 2.000 leads al mes, duplicar la tasa de retención). Tres, la elección de estrategias y canales (Ads en Google, redes sociales, email marketing, influencer marketing, etc.) con la configuración de audiencias y la posible automatización de creatividades. Cuatro, el despliegue de las campañas y la recopilación de datos en tiempo real. Cinco, la interpretación de la información con ayuda de algoritmos de analytics y machine learning. Seis, la optimización constante, moviendo presupuestos, pausando anuncios que no convierten y potenciando los de mayor rentabilidad. Siete, la evaluación global del ROI y la reinversión estratégica para crecer.

Es importante destacar la necesidad de ser flexible. Un plan de marketing digital nunca es estático. La IA nos impulsa a abrazar la cultura del testeo continuo, donde A/B tests son el pan de cada día. Por ejemplo, dos versiones del mismo anuncio, una con un titular que apela al humor y otra con uno más formal. La IA recoge cuál funciona mejor en cada segmento y ajusta el gasto en consecuencia. Esta filosofía de iterar basándose en los datos ahorra recursos, aumenta las conversiones y, con el tiempo, te hace conocer mejor que nunca a tu público.

Dentro de este ecosistema, la analítica es tu mejor aliada para interpretar resultados y no ahogarte en montañas de números. Puedes emplear cuadros de mando dinámicos que muestren en un vistazo el coste por adquisición, el coste por clic, la tasa de apertura de correos, los productos más vendidos y el margen obtenido. Cuando algo sale de la norma (sea para bien o para mal), la IA te lo hace notar: por ejemplo, podrías recibir alertas automáticas si tus conversiones caen un 30% en 24 horas, para que revises qué pasa con urgencia. O podrías enterarte de que un producto concreto está vendiéndose a un ritmo inusual gracias a cierto anuncio en Facebook, así podrías replicar ese formato en otras plataformas.

Este plan de marketing apoyado en la IA lleva a una toma de decisiones más informada y, en la mayoría de los casos, a un ahorro de costes al eliminar desperdicios publicitarios. El desafío principal reside en mantener el equilibrio entre lo automático y el criterio humano. Por muy potentes que sean las recomendaciones algorítmicas, tú o tu equipo deben ejercer el pensamiento crítico y la visión de conjunto: ningún modelo conoce tu negocio tan bien como tú ni sabe si lanzaste un nuevo producto el día anterior, o si se avecina una estacionalidad concreta que no se refleja aún en los datos históricos.

En resumen, la IA se integra en tu plan de marketing digital para mejorar la segmentación y el remarketing, para predecir el ROI y optimizar las campañas, y para analizar datos masivos en busca de patrones y oportunidades. Su impacto va desde la elección de palabras clave en motores de búsqueda, hasta la personalización de mensajes en correos electrónicos, la puja automática en redes de display y la detección de audiencias gemelas. Usar la IA no es opcional en un entorno tan competido; es el nuevo estándar para quienes desean competir en serio sin despilfarrar sus recursos. Y como se ha recalcado, la analítica y la interpretación de resultados son fundamentales para que cada acción se convierta en aprendizaje y cada aprendizaje, en mejores decisiones futuras. Así, tu marketing deja de ser un juego de azar y se transforma en una maquinaria ajustada al milímetro, donde tecnología y talento humano van de la mano, apoyados por algoritmos que trabajan sin descanso para que tú puedas dedicarte a lo que de verdad suma: la estrategia, la creatividad y la conexión emocional con tus potenciales clientes.

CAPÍTULO 11: AUTOMATIZACIÓN DE PROCESOS INTERNOS

La automatización de procesos internos es como tener un batallón secreto trabajando en la trastienda de tu negocio mientras tú disfrutas de un café o te concentras en proyectos más creativos. Gracias a la IA y a las herramientas de RPA

(Robotic Process Automation), hoy resulta mucho más fácil delegar todas esas tareas repetitivas que nos quitan tiempo y, seamos sinceros, a veces nos hacen sentir como robots humanos. Imagínate no tener que pasar horas cuadrando facturas, actualizando inventarios o lidiando con papeleo administrativo. Ese es el encanto de la automatización: convertir lo engorroso en algo casi mágico que ocurre en segundo plano.

La contabilidad y la facturación son dos de los departamentos que más agradecen la llegada de la IA. Plataformas actuales pueden leer facturas, reconocer datos de proveedores y actualizar automáticamente tus libros de cuentas, lo que antes requería sentarse con un montón de papeles y pelearse con una hoja de cálculo. Y no solo eso, los sistemas de IA pueden alertarte si detectan alguna discrepancia llamativa, como un pago duplicado o un concepto que no coincide con el historial previo. Es como tener un mini Sherlock Holmes encargado de encontrar errores y ahorrar dinero. Mientras tanto, tú te dedicas a planificar la próxima campaña de marketing o a crear un nuevo producto.

Otro frente importante es la gestión de inventarios. A todos nos ha pasado que llega un pedido grande de clientes y te percatas de que el almacén está medio vacío, o viceversa, terminas con montones de productos apilados que tardan meses en salir. Con la ayuda de la IA, puedes instalar sistemas que prevean la demanda futura según las tendencias, la estacionalidad o hasta las redes sociales, y así adelantarte para reponer lo necesario sin excesos ni faltantes. Imagina también que un robot software se encarga de reordenar automáticamente los productos más vendidos cuando detecta que las existencias alcanzan un umbral mínimo. Eso quita de la ecuación la odisea de revisar manualmente si todavía hay stock, haciendo que tu inventario siempre esté en movimiento sin tener que perder el sueño revisando estantes. La atención posventa también sufre una transformación muy positiva con la IA. Cualquier negocio que reciba tickets de soporte conoce la pesadilla de clasificarlos uno a uno, decidir quién se encarga de cada tema y contestar las preguntas más repetitivas. Con algoritmos de procesamiento de lenguaje natural, se puede entrenar un sistema que lea cada solicitud, entienda su categoría y la asigne al agente o área correcta, todo en cuestión de segundos y sin que tú tengas que intervenir. Y si hay un chatbot entrenado en las preguntas más comunes, ni siquiera hará falta que llegue un humano a contestar, a menos que la cuestión sea realmente compleja. Esto libera un montón de horas al equipo, que podrá centrarse en aquellos casos que de verdad requieren un toque personal o un criterio especializado.

Aunque suene a ciencia ficción, las herramientas de RPA accesibles han crecido tanto que ya no hace falta ser programador experto para ponerlas en marcha. Existen plataformas con interfaces gráficas, donde arrastras y sueltas "bloques" de acción: "capturar datos de este documento", "compararlos con esta base de datos", "si concuerdan, aprobar la factura y enviarla por correo". Funciona casi como un rompecabezas que tu equipo puede montar, sin necesidad de picar código de memoria. Claro que si tienes un experto que pula los flujos de trabajo, mejor que mejor, pero lo genial es que esa barrera de entrada se ha reducido. Y aunque al principio tal vez debas invertir algo de tiempo configurando los procesos, en cuanto esté todo armado, la automatización arranca a toda máquina.

Cuando implementas estos robots de software, descubres que se abren nuevos niveles de eficiencia. Por ejemplo, los departamentos de recursos humanos pueden automatizar la creación de contratos, el envío de correos a candidatos o la programación de entrevistas. En marketing, se pueden automatizar los informes semanales y generar reportes personalizados para cada producto, sin que nadie tenga que pasar horas con un Excel. La idea es que todo lo mecánico, repetitivo o que siga una serie de pasos lógicos, sea delegado a la IA y a la RPA, y que los humanos, en cambio, nos enfoquemos en lo que sí requiere creatividad, empatía o la capacidad de tomar decisiones fuera de lo estándar.

La consecuencia de liberar tanto tiempo es que surge más espacio para la innovación y la estrategia de crecimiento. Muchas empresas reconocen que antes sus empleados y directivos se sumían en tareas burocráticas, apenas quedándoles aliento para pensar en el futuro. Ahora, con la automatización, pueden idear nuevos productos, evaluar oportunidades de mercado o concentrarse en mejorar la experiencia del cliente. Y esto no es algo que ocurra solo en grandes corporaciones. Incluso negocios pequeños o medianos pueden aplicar la filosofía de "automate first" en muchos procesos y lograr resultados increíbles.

Lo mejor de todo es que cada vez que ajustas o mejoras uno de esos procesos automatizados, la eficiencia aumenta como una bola de nieve. Supongamos que detectas que el bot de soporte a veces malinterpreta ciertas preguntas. Con un pequeño ajuste en su entrenamiento, ya no volverá a cometer ese error, y el servicio se hace más y más fluido. O imagina que el sistema de inventarios ha funcionado de maravilla, pero detectas que en vacaciones la demanda se dispara aún más de lo previsto. Agregas datos de temporadas anteriores y factores climáticos, y voilà, el algoritmo se vuelve aún más acertado. Así, tu negocio se convierte en una especie de ecosistema que aprende y mejora con cada experiencia, mientras tú estás planeando la próxima jugada maestra que te hará destacar en el mercado.

Al final, la automatización interna con IA y RPA es la llave que abre la puerta de la escalabilidad y la competitividad. Ya no necesitas perder energía en tareas que no aportan valor directo, ni rezar para no equivocarte al teclear cifras en un sistema antiguo. Gracias a estos robots digitales, te aseguras de que la maquinaria del negocio funcione sin sobresaltos, con menos errores y con informes precisos a cualquier hora del día. Eso se traduce en un servicio más ágil y fiable, que los clientes perciben, aunque no vean tus engranajes internos. Y tú, en lugar de vivir atrapado en la rutina administrativa, podrás dedicar más recursos y talento a aquello que impulsa el crecimiento real: innovar, crear y ofrecer una experiencia sobresaliente.

CAPÍTULO 12: ROADMAP O RUTA EVOLUTIVA DE LA IA

La inteligencia artificial no es un fenómeno estático y monolítico, sino un campo que se reinventa en cada giro tecnológico, con sorpresas que a veces superan hasta la imaginación más audaz. Vale la pena detenerse a especular, de manera informada, sobre las tendencias futuras y los caminos que podría tomar la IA en los próximos años, porque esto te permitirá anticiparte y mantenerte relevante cuando lleguen las nuevas oleadas de innovación. Ya sea que hablemos de realidad aumentada, metaversos emergentes, robótica avanzada o el sueño algo misterioso de la computación cuántica, todo forma parte de una ruta evolutiva que va delineándose poco a poco ante nuestros ojos y que, de pronto, puede brindarte grandes oportunidades de negocio, nuevos nichos o maneras completamente distintas de trabajar.

La realidad aumentada (AR) promete fusionar el mundo físico con información digital en tiempo real. Hasta ahora, hemos visto aplicaciones más o menos curiosas (como los filtros de redes sociales, o juegos donde cazamos criaturas virtuales por la calle), pero la cosa se pone más interesante cuando se integran sistemas de IA que reconozcan el entorno y superpongan datos relevantes. Imagina un casco o lentes de AR que, al caminar por la ciudad, te muestren ofertas personalizadas, rutas alternativas de tránsito o el contexto histórico de cada edificio, todo interpretado y adaptado al instante por un motor de inteligencia artificial. Esto deja claro que cualquier negocio que venda productos o servicios podría beneficiarse: la IA sabría qué te interesa, y el AR te lo presentaría en el espacio que te rodea, como si la ciudad entera se convirtiera en un escaparate interactivo. Hoy quizá suene un tanto futurista, pero las empresas que vayan preparándose a nivel tecnológico, explorando cómo presentar su información de manera atractiva y sacando partido a los algoritmos de recomendación, estarán bien situadas cuando esa transición cobre fuerza.

El metaverso es otro concepto que suena con fuerza, y aunque ha tenido altibajos de popularidad, no deja de ser un terreno fértil para la IA. La idea de un entorno virtual compartido, donde la gente trabaje, se divierta y, sí, también consuma productos y servicios, abre la puerta a una versión digital paralela de la economía. Ahí, la inteligencia artificial podría encargarse de moderar conversaciones, generar entornos dinámicos y creíbles, e incluso encarnar NPCs (personajes no jugadores) que respondan de forma natural a las acciones de los usuarios. Para quienes buscan emprender, es buena idea plantearse desde ya cómo su marca o productos podrían tener cabida en esos mundos virtuales, qué tipo de experiencias exclusivas podrían ofrecer y cómo integrar asistentes virtuales capaces de interactuar con avatares y resolver dudas. Tal vez sea algo que se consolide en cinco o diez años, pero cuando llegue el momento, quien ya haya jugado con prototipos o servicios basados en IA para el metaverso llevará una gran ventaja sobre los que se queden rascándose la cabeza.

La robótica es otro campo que avanza, con máquinas cada vez más ágiles, suaves en sus movimientos y capaces de adaptarse a entornos cambiantes. Aunque solemos pensar en robots gigantes de la industria automotriz, la realidad es que empiezan a surgir robots más pequeños y especializados, que podrían colaborar con los humanos en tareas de logística, limpieza, cocina, agricultura o servicios de entrega. Si a esa robótica se le suman algoritmos de IA que planifiquen rutas, reconozcan objetos y aprendan de la experiencia, el horizonte pinta un escenario donde cada vez más labores repetitivas o peligrosas quedan en manos de robots colaboradores. Puede que suene a que solo las grandes empresas tienen acceso, pero la historia de la tecnología nos demuestra que tarde o temprano se abaratan y masifican. Para alguien con visión emprendedora, las posibilidades van desde diseñar software especializado en la interacción humano-robot, hasta desarrollar robots de nicho para un mercado concreto (por ejemplo, agricultura vertical o restaurantes automatizados). Es útil mantenerse al día, viendo cómo mejorar los algoritmos de visión por computadora o de movilidad autónoma, porque esas serán las habilidades que los nuevos robots necesiten.

La computación cuántica es probablemente la más enigmática de estas tendencias, pues todavía está en una etapa temprana, pero ya genera mucha expectación. Suena a palabreja de película de ciencia ficción, y en parte lo es, porque los ordenadores cuánticos prometen una capacidad de procesamiento colosal para ciertas tareas específicas. Todavía faltan años para que se conviertan en herramientas de uso cotidiano, pero es previsible que, cuando lleguen, revolucionen la forma en que entrenamos la IA y resolvemos problemas complejos, como el modelado de moléculas, la optimización de rutas o la encriptación de datos. Quienes deseen estar un paso adelante podrían ir monitoreando los avances en hardware cuántico y en algoritmos cuánticos para machine learning, familiarizándose con los conceptos básicos y estudiando casos de uso que tal vez, ahora, parezcan solo un boceto. Por más lejana que parezca la computación cuántica, en el momento en que se asiente un poco, es posible que cambie por completo la velocidad y la escala a la que la IA puede trabajar, alterando de nuevo las reglas del juego en incontables sectores.

Prepararse para esas oleadas futuras implica adoptar una postura curiosa y abierta al aprendizaje constante. No basta con leer un titular o un reportaje que mencione el metaverso o la robótica y decir "ya estoy informado". Hay que experimentar, al menos en pequeña escala, con las herramientas y demos disponibles, participar en comunidades tecnológicas, foros o eventos donde se discuta qué se viene, y, sobre todo, preguntarse: "¿Cómo podría mi negocio, mi servicio o mi marca sacar partido de estas tendencias?" La especulación informada no consiste en echarle un vistazo a la bola de cristal, sino en conectar los puntos que ya conocemos con la dirección en que se mueven las inversiones y el interés mediático. Por ejemplo, si varias gigantes tecnológicas están comprando startups de realidad aumentada, es una señal de que pronto veremos soluciones más sólidas y económicas en ese campo. Si muchos laboratorios de IA están aplicando técnicas de "aprendizaje por refuerzo" para la robótica, quizá signifique que pronto los robots colaborativos llegarán a sectores de forma más masiva. Observando esos indicios, puedes planear si tu carrera o emprendimiento debería adquirir ciertos conocimientos o labrarse un hueco.

Además, es buena idea mantenerse flexible y listo para pivotar. El historial de la tecnología muestra que a veces lo que se anunciaba como el gran boom termina tardando más de lo previsto, o muta en algo distinto. Recordemos los primeros prototipos de realidad virtual que salieron hace décadas, o aquellos wearables que no calaron en el público, para luego resurgir en formas más depuradas. Por eso, explorar tendencias no significa apostar a ciegas todo el capital o la estrategia, sino preparar un camino alternativo por si la adopción masiva se demora. La innovación se construye en iteraciones, y la IA forma parte de esa ola cambiante en la que vale más la pena surfear con cuidado, en lugar de lanzarse de cabeza sin plan B.

Un consejo práctico para mantenerse relevante es dedicar parte de tu rutina, aunque sea media hora a la semana, a investigar las noticias y avances en IA y áreas relacionadas. Existen newsletters, canales de YouTube, pódcasts o comunidades de desarrolladores donde puedes enterarte de prototipos y casos de uso sorprendentes. Así, cuando la realidad aumentada o la robótica dé un salto de mejora, no te tomará por sorpresa, porque ya habrás escuchado las señales de que "algo gordo se cuece". Esa ventaja de tiempo te permite incluso idear pequeños pilotos, buscar socios o desarrollar habilidades que te posicionen con más fuerza. También es útil formar parte de grupos y eventos donde conozcas personas de distintos sectores, porque a menudo la innovación sucede en la intersección de disciplinas. Piensa en cómo la robótica puede combinarse con la realidad aumentada, o cómo el metaverso podría conectarse con la computación cuántica en un futuro muy lejano. Suena descabellado, pero de esas ideas híbridas suelen salir proyectos únicos que otros ni se atreven a soñar.

En suma, la IA no se quedará quieta, y es muy probable que en cinco o diez años estemos hablando de herramientas y capacidades que hoy parecen fantasía. En el camino, surgirán oportunidades enormes para quienes sepan anticiparse, arriesgar un poco y aprender sin esperar a que todo sea estándar. Tanto si te dedicas al marketing, a la programación, a la consultoría o a cualquier otro rubro, mantente informado y con la mente abierta. Identifica qué tecnologías emergentes pueden complementar tu oferta actual y busca alianzas con quienes tengan el conocimiento que a ti te falte. Por increíble que parezca, la historia nos muestra que las transformaciones profundas pueden llegar de un día para otro. Un modelo de IA irrumpe en el panorama, resolviendo problemas que hasta ayer parecían intratables, y de pronto hay una explosión de empresas que quieren incorporarlo en sus productos. No querrás quedarte fuera mirando cómo otros se suben a la ola.

Si llegados a este punto te preguntas cómo dar pasos concretos, la respuesta es aprender haciendo. Prueba frameworks de realidad aumentada, experimenta con simulaciones de robots (aunque sea en ambientes virtuales), echa un vistazo a algún tutorial de computación cuántica para entender la base. No es necesario volverte un especialista en todo, pero sí desarrollar un radar que te permita intuir por dónde sopla el viento. Así, cuando la próxima gran ola de la IA aparezca en el horizonte, en lugar de verla con cara de "¿y ahora qué?", estarás listo para surfearla con seguridad y entusiasmo. La ruta evolutiva de la inteligencia artificial se escribe a diario, y cada vez que la tecnología avanza, también se abren nuevas puertas para emprender, crear y transformar la forma en que vivimos y trabajamos. Prepararte hoy es la mejor inversión para el mañana.

CAPÍTULO 13: GLOSARIO Y RECURSOS FINALES

A medida que has ido leyendo este libro, probablemente te has topado con una variedad de términos técnicos y de negocios que, aunque explicados en el contexto, pueden llegar a enredarse en la memoria. Por eso, resulta muy útil contar con un glosario al que recurrir cada vez que te surjan dudas. Además, nunca está de más tener a mano algunos recursos adicionales, como cursos, blogs, canales de YouTube o pódcasts, para profundizar cuando quieras. Y lo mejor de todo: la invitación a seguir formándote y descubrir la infinidad de eventos y comunidades que se mueven en torno a la IA y el emprendimiento digital.

Glosario de términos

Inteligencia Artificial (IA): Conjunto de técnicas y algoritmos que permiten a las máquinas "aprender" y tomar decisiones basadas en datos, imitando (en cierta medida) las capacidades cognitivas humanas.

Machine Learning (ML): Rama de la IA que se enfoca en que los sistemas aprendan de ejemplos o experiencias previas. En lugar de programarlos con reglas exactas, se les dan datos y el algoritmo va ajustando sus parámetros para mejorar su rendimiento.

Deep Learning: Subcampo del aprendizaje automático que utiliza redes neuronales con múltiples capas para procesar información de forma jerárquica. Es la base de muchos avances recientes en visión por computadora o procesamiento de lenguaje natural.

Red Neuronal: Modelo de computación inspirado (muy vagamente) en el cerebro humano, compuesto por nodos (neuronas) que se conectan y transmiten señales. En la práctica, se trata de ecuaciones matemáticas interconectadas que procesan datos.

Procesamiento del Lenguaje Natural (NLP): Técnica que enseña a los sistemas a entender y generar texto o voz humanos, ayudándolos a interpretar preguntas, redactar textos o reconocer el sentimiento en los comentarios.

RPA (Robotic Process Automation): Uso de "robots" de software para automatizar tareas repetitivas, como rellenar formularios, transferir datos entre sistemas o generar reportes. Facilita el trabajo administrativo y reduce errores.

Marketing de Afiliados: Modelo de negocio en el que promocionas productos de otras empresas y recibes una comisión por cada venta o acción que se genere a través de tu enlace único.

Funnel de Ventas (Embudo de ventas): Proceso por el que un usuario pasa desde el primer contacto con tu marca hasta la compra final. Incluye etapas como la conciencia, el interés, la consideración y la decisión.

ROI (Return On Investment): Retorno de la inversión. Indica cuánto ganas en relación con lo que invertiste en una campaña o proyecto. Si la cifra es mayor de 1 (o 100%), estás en ganancias; si es menor, la campaña no fue rentable.

Remarketing: Estrategia de marketing digital que muestra anuncios específicos a usuarios que ya interactuaron con tu web o tus productos pero no compraron. Busca reconquistar ese interés inicial.

Membership site: Comunidad de pago o suscripción mensual donde ofreces contenido exclusivo, cursos, foros privados, etc. Otorga ingresos recurrentes y un sentido de comunidad para los suscriptores.

Freemium: Modelo de negocio donde ofreces una versión gratuita con funciones limitadas, y cobras una suscripción o pago por características avanzadas. Muy utilizado en aplicaciones y software online.

Chatbot: Programa que simula conversar con una persona, respondiendo preguntas y guiando al usuario en base a reglas o algoritmos de IA.

Call to Action (CTA): Llamado a la acción que busca que el usuario realice algo concreto (suscribirse, comprar, registrarse, descargar, etc.). Suele expresarse como un botón o frase destacada.

Glosario corto pero práctico para tus consultas. No dudes en revisarlo si en algún momento se te escapa un término.

Recursos adicionales

Cursos y plataformas de aprendizaje

Coursera: Amplia variedad de cursos de IA, machine learning y negocios digitales creados por universidades de prestigio.
edX: Similar a Coursera, con foco en contenido universitario y certificados oficiales.
Platzi: Enfocado en el mercado hispanohablante, ofrece

cursos de programación, marketing y emprendimiento, con secciones sobre IA y data science.

Blogs y comunidades

Towards Data Science: Blog muy activo sobre técnicas de data science y machine learning, con artículos que van desde lo básico hasta lo muy avanzado. Medium (sección de AI): Muchos expertos comparten sus avances, tutoriales y reflexiones. Está en inglés, pero encuentras de todo tipo de nivel. Hacker News: Comunidad donde se discuten tendencias de tecnología. Puedes pescar noticias frescas y debates sobre IA y startups. Domestika: Ideal si buscas cursos más creativos, pero tiene una sección tech creciente, donde hablan de IA aplicada a diseño o marketing.

Canales de YouTube y pódcasts

Siraj Raval: Suele publicar videos explicando conceptos de IA y data science, con un toque de entretenimiento. Luis Carlos Flores (Ejemplos en español): Explica conceptos básicos de machine learning y data en videos cortos. Dot CSV: En español, con enfoque en IA y robótica, muy didáctico. Podcast "AI Today": En inglés, analiza cómo las empresas usan IA en el mundo real. Podcast "Data Futurology": Entrevistas a líderes del sector, discutiendo casos de uso y tendencias.

Eventos y foros de relevancia

PyCon: Conferencia anual de Python, donde se incluyen charlas sobre data science e IA. Un ambiente perfecto para conectar con desarrolladores.

AI & Big Data Expo: Se realiza en diferentes ciudades del mundo y reúne a empresas y expertos que muestran aplicaciones de IA, IoT y análisis de datos.

Comunidades en Telegram o Slack: Muchos grupos dedicados a IA y startups, solo basta con buscar términos como "IA en Español" o "Machine Learning Latam".

Meetup: Busca en tu ciudad o país eventos sobre IA, data science o emprendimiento. Son geniales para networking y aprendizaje.

Invitación a seguir formándote

La IA y el emprendimiento digital no se detienen. Cada día surgen nuevas herramientas, metodologías y enfoques. Por eso, lo mejor que puedes hacer es adoptar la mentalidad de alumno perpetuo. Participa en webinars, cursos, conferencias y, sobre todo, experimenta sin miedo. El conocimiento teórico adquiere verdadero valor cuando lo aplicas a un proyecto real y compruebas qué funciona y qué no.

Si tu curiosidad te empuja a profundizar más, lánzate a foros y grupos especializados, pregunta sin complejos y comparte tus hallazgos. Así se construyen redes de colaboración que potencian el desarrollo de todos. Entre más te relaciones con gente que crea y lidera en este sector, mejor entenderás las tendencias que vienen. Y quién sabe, tal vez termines colaborando en la próxima gran idea de IA que marcará el rumbo del mercado.

En definitiva, la formación continua es la clave para moverte con soltura en un ámbito tan dinámico y, a la vez, lleno de oportunidades como es la inteligencia artificial. Esperamos que todo lo que has leído en este libro te sirva de inspiración y guía para lanzarte a la acción, innovar y construir la vida y el negocio que sueñas. Y recuerda: el viaje recién comienza. Hay mucho por descubrir, y tú formas parte de esa aventura. ¡Sigue aprendiendo y creando!

CAPÍTULO 14: FAQ (PREGUNTAS FRECUENTES) y PROBLEMAS MÁS COMUNES

"¿Qué pasa si no sé programar?"
Lo primero es no asustarse. Mucha gente asocia la inteligencia artificial con complejas líneas de código y entornos de desarrollo ininteligibles, pero hoy en día existen herramientas y plataformas muy intuitivas. Por ejemplo, algunos servicios ofrecen interfaces gráficas tipo "arrastrar y soltar" que automatizan tareas sin pedirte que toques una sola línea de programación. Además, si tu proyecto requiere algo más avanzado, siempre puedes aliarte con un desarrollador o una persona experta en tecnología. La clave está en que tengas claro el objetivo de tu IA (análisis de datos, generación de texto, automatización de atención al cliente, etc.) y luego busques la solución que mejor se adapte a tu nivel técnico. A veces, bastará con conectar un par de aplicaciones y configurar prompts para un chatbot, sin necesidad de ponerte a escribir código en Python.

"¿Cómo manejo la curva de aprendizaje?"
La IA, como cualquier disciplina, implica tiempo para familiarizarte con conceptos básicos y aprender de la práctica. Piensa en ello como aprender un idioma: al principio, solo captas lo esencial, pero con constancia

empiezas a entender estructuras más complejas. Para acelerar esa curva, te conviene apuntarte a cursos o tutoriales que expliquen de forma sencilla las técnicas de machine learning, deep learning o RPA, dependiendo de lo que necesites. Dedica un rato diario a practicar, a lo mejor resolviendo un pequeño problema o haciendo pruebas en una plataforma que te intrigue. También es valioso entrar en comunidades online donde otros principiantes comparten dudas y trucos. Verás que, a medida que experimentas, el terreno se vuelve más familiar y empiezas a sentirte cómodo interactuando con modelos de IA.

"¿Cuál es la mejor manera de evaluar si una herramienta de IA me   conviene?"
Lo primero es preguntarte para qué la necesitas y qué resultados esperas. Define tus criterios: velocidad, costo, facilidad de uso, tipos de datos que maneja, si ofrece o no integración con las herramientas que ya usas, etc. Luego, si existe versión de prueba o demo, aprovéchala para hacer un test rápido con tus propios datos o casos de uso. Observa si los resultados son precisos, si te toma demasiado tiempo configurarlo y si el soporte técnico te ofrece respuestas claras. También mira reseñas de otros usuarios en foros o en plataformas de opinión. Si después de una pequeña prueba ves que cumple tus objetivos y no te genera dolores de cabeza extras, seguramente sea una buena candidata. Ten en cuenta que a veces la herramienta más barata no es la más conveniente a largo plazo, o viceversa. Lo importante es encontrar un equilibrio entre lo que realmente necesitas y la curva de aprendizaje o mantenimiento que exige. Si se ajusta bien a tu flujo de trabajo y te libera de tareas pesadas, ahí tienes una gran señal de que vale la pena.

Ya casi estamos por terminar…

La inteligencia artificial no es solo un conjunto de algoritmos sofisticados ni un puñado de herramientas que simplifican el trabajo. Representa la señal inequívoca de que hemos entrado en una nueva era, una época en que la colaboración entre humanos y máquinas se vuelve tan natural como respirar. No se trata de reemplazar nuestra intuición o eliminar nuestra chispa creativa, sino de multiplicar nuestras posibilidades y llevar nuestra imaginación a territorios que antes nos resultaban inalcanzables.

Durante este recorrido, hemos explorado usos prácticos de la IA en el marketing, las ventas, la creación de contenido, la automatización y la gestión de comunidades digitales, entre otros tantos campos. Sin embargo, lo más valioso no radica en las técnicas concretas ni en la selección de plataformas o herramientas, sino en la actitud que despierta en nosotros la adopción de esta nueva mentalidad. La mentalidad de decir "sí se puede" y de ver en cada avance tecnológico una oportunidad para revolucionar nuestra forma de emprender y de vivir.

Piensa un momento en el viaje que has hecho al leer estas páginas. Tal vez te sorprendió descubrir la variedad de aplicaciones de la IA y, a la vez, te sentiste un poco abrumado por la magnitud de lo que implica. Quizá dudaste sobre si sería demasiado complicado o si se requeriría un nivel técnico altísimo. Lo importante es que has desmenuzado cada concepto y cada estrategia, y te has dado cuenta de que, paso a paso, es posible empezar en pequeño e ir escalando. Lo esencial es atreverse, romper la inercia de la duda y avanzar, aunque sea con un prototipo o un proyecto modesto al principio.

La IA es, ante todo, una invitación a repensar lo que consideramos "normal". Nos enseña que tareas monótonas pueden automatizarse, que la atención al cliente puede ser inmediata las 24 horas, que la creatividad ya no se ve limitada por bloqueos mentales o falta de tiempo, y que el análisis de miles de datos puede suceder en cuestión de segundos. Cada uno de esos saltos nos libera tiempo y recursos para enfocarnos en la parte más humana: la conexión con nuestros clientes y seguidores, la visión estratégica de nuestro negocio y la inspiración para crear productos que respondan a necesidades reales.

Cuando hablamos de un "cambio de paradigma", no es solo retórica. Significa que la IA cambia la base misma de cómo concebimos el trabajo, la productividad y la interacción con el entorno digital. Sin embargo, siempre debemos recordar que el poder de las máquinas cobra verdadero sentido cuando está al servicio de una visión humana. Detrás de cada chatbot exitoso, hay un profesional que ha entendido las dudas y el tono de voz que mejor encaja con su público. Detrás de cada campaña de marketing automatizada, hay un estratega que ha sabido unir datos con una narrativa convincente. La IA no sustituye nuestro ingenio, sino que lo potencia.

En este proceso, una de las grandes claves es la evolución constante. La tecnología se mueve a un ritmo vertiginoso, y lo que hoy es novedad, mañana puede volverse el estándar. Si adoptamos la mentalidad de estudiantes permanentes, el cambio no nos asusta, sino que nos entusiasma. Sabemos que cada nueva herramienta es una ocasión para refinar nuestras estrategias, encontrar mejores formas de servir a nuestros clientes y, por qué no, descubrir nuevas fuentes de ingresos o explorar modelos de negocio que ni siquiera habíamos imaginado.

Lo verdaderamente emocionante de la IA es que no se limita a la parte operativa o técnica: abre caminos para la creatividad en múltiples dimensiones. Un escritor puede usar herramientas de generación de texto para inspirarse y sortear bloqueos, un diseñador puede apoyarse en generadores de imágenes para esbozar ideas iniciales de proyectos, un emprendedor sin conocimientos de programación puede integrar modelos de predicción en su tienda online con solo unos clics. Todo ello nos recuerda que las barreras de entrada han caído, y que la innovación está al alcance de cualquiera con un poco de curiosidad y determinación.

Tal vez, al llegar aquí, sientas el impulso de poner en marcha alguna de las estrategias descritas o te haya picado la curiosidad de experimentar con un servicio de IA que nunca habías imaginado. Mi consejo es que no lo dejes para después. Toma el aprendizaje reciente y vuélcalo en una acción concreta, por pequeña que sea. Eso puede significar abrir un chatbot básico para tu web, entrenar un modelo sencillo con los datos que ya tienes o investigar cómo automatizar un proceso interno que te esté consumiendo horas cada semana. Esa acción será el combustible que te impulse a seguir avanzando y te ayude a pasar de la teoría a la práctica.

En la era digital, las oportunidades no se sientan a esperarte: te toca a ti salir a buscarlas, y la IA es un vehículo fenomenal para ello. Muchos grandes proyectos nacen de la confluencia de valentía, curiosidad y la capacidad de ejecutar un plan. Basta con dar el primer paso, y luego el segundo, y así sucesivamente, sosteniendo la visión que te inspira. Si te equivocas en el camino, no pasa nada: el ensayo y error es parte esencial del crecimiento. Además, recuerda que la IA te ofrece maneras rápidas de medir resultados, corregir el rumbo y optimizar las estrategias sin la necesidad de malgastar grandes sumas de dinero o tiempo.

Al final, más allá de técnicas, plataformas y algoritmos, esta historia trata de personas. Somos los seres humanos quienes damos sentido a la tecnología, y quienes decidimos si la utilizamos para mejorar nuestras vidas y la de los demás. Eso es lo que convierte a la IA en un cambio de paradigma tan potente: su potencial para amplificar la creatividad, la cooperación y la resolución de problemas en niveles antes inimaginables. Nadie sabe con absoluta certeza qué nos depara el futuro, pero sí estamos seguros de que el factor humano seguirá siendo el núcleo que da dirección y propósito a cada avance.

Por eso, esta sección final busca recordarte que lo que has aprendido no es el final de un libro, sino el inicio de un camino. Lleva tus ideas a la acción, atrévete a probar, a comentar en foros, a unirte a comunidades de IA y emprendimiento. Comparte tus hallazgos, pregunta sin temor, colabora con otros que también deseen crecer. De esta manera, no solo expandirás tus horizontes, sino que contribuirás a una cultura donde la inteligencia artificial y la innovación se entrelazan con la creatividad y la solidaridad.

Si algo podemos augurar es que la IA seguirá transformando sectores: medicina, educación, transporte, entretenimiento y todo lo que se te ocurra. Y en cada paso, surgirán preguntas éticas, retos legales, dilemas sobre el uso de los datos, pero también oportunidades de negocio y de impacto social. Cada uno de nosotros puede posicionarse, en mayor o menor medida, como protagonista de ese futuro, siempre que tomemos la iniciativa. Esa es la invitación con la que quiero que cierres estas páginas: ser parte activa, no una simple pieza del engranaje.

No te quedes en la teoría. Si tu plan es desarrollar una agencia de marketing automatizada, empieza ya a configurar tu primer bot. Si te late la creación de contenido con IA, prueba un generador de textos para tu próximo artículo o guion. Si te seduce la idea de montar un membership site con chatbots inteligentes, ponte a investigar las plataformas que te interesan y construye un prototipo. Moverse, aunque sea con pasos pequeños, es lo que separa las ideas que se olvidan de aquellas que se convierten en proyectos reales y, con el tiempo, en auténticos casos de éxito.

Y hablando de éxito, no tiene por qué ser solo monetario: tal vez tu mayor satisfacción provenga de ver cómo ayudas a la gente a aprender de forma más rápida y divertida, o de saber que tus automatizaciones liberan tiempo para tu familia, o que tu contenido llega a personas que se sienten conectadas con tu visión. Cada quien define su concepto de triunfo, pero la IA se perfila como una compañera de viaje que nos desafía a romper límites y nos facilita el camino para dejar nuestra huella en el escenario digital.

Deja atrás la resistencia o el miedo a la complejidad técnica: la inteligencia artificial no muerde, y su curva de aprendizaje es menos empinada de lo que su nombre sugiere. La clave es la determinación de mejorar tus habilidades un poquito cada día y la voluntad de integrarla con sentido común y propósito claro. Ese es el gran secreto para que la IA no sea un mero accesorio, sino parte integral de tu estrategia de crecimiento y diferenciación.

Imagina, dentro de unos meses, o quizá un año, volviendo a repasar este libro y recordando el momento en que decidiste dar el salto. Quizá ya habrás lanzado un servicio basado en IA, o tu facturación habrá subido gracias a la automatización, o tu público habrá crecido porque descubriste la forma exacta de combinar el talento humano con la capacidad analítica de las máquinas. Tal vez nuevos retos se habrán presentado y estarás buscando la siguiente gran idea para mantenerte en la cima. Sea como sea, el primer paso lo habrás dado, y con eso habrás demostrado que la IA, más que una promesa futurista, es una realidad que puedes manejar y dirigir hacia tus objetivos.

Que este libro se convierta, entonces, en tu compañero de viaje. Cuando sientas que te estancas, vuelve a revisar las ideas y los casos, y recuerda que siempre puedes ajustar, pivotar, aprender de un tropiezo y convertirlo en experiencia. El dinamismo del mundo digital es inmenso, pero también lo es la recompensa para quienes persisten y dominan las claves de la inteligencia artificial. Al final de cuentas, no se trata de tener la solución perfecta de inmediato, sino de forjar la mentalidad y la red de contactos que te respalden en cada aventura emprendedora.

Este es un gran momento histórico para convertir la creatividad en ingresos, la pasión en negocio y el conocimiento en herramientas de cambio. La IA es el catalizador que acelera ese proceso y nos muestra que la única barrera real está en nuestra propia mente. Toma el control de esta coyuntura y úsala para dar forma a la realidad que deseas. Empecemos ahora mismo. El escenario está listo, el público está atento, y la tecnología está más que dispuesta a servirte. Tu parte es dar el gran salto y demostrarte a ti mismo que, con determinación y curiosidad, puedes llegar a donde quieras. Adelante, pues, y a escribir la siguiente página de tu historia, con la IA como aliada y tu espíritu emprendedor como guía.